子どもと地域の架け橋づくり

滋賀発

子どもの笑顔はぐくみプロジェクトがつなぐ地域のえにし

永田 祐・谷口郁美 監修
佐藤桃子 編

CLC
Community
Life Support
Center

はじめに

「子どもと地域の架け橋づくり」。このタイトルには、子どもを真ん中においた地域づくりへの希望がこめられています。生きづらさを抱えた子どもを含むすべての子どもたちを支える「応援団」を地域のなかに生み出し、子どもたちが自分らしく、生き生きと過ごせる場所を多様な形でつくり出していきたいという希望です。しかし、この希望を実現していくことは簡単ではありません。「子どもの課題」と言われても、何が地域で解決すべき課題なのか、はっきりとわかる人は多くはないのではないでしょうか。子どものことは、親の責任もしくは学校や児童相談所などの専門的な機関が解決してくれるのではないか、と思う人がほとんどかもしれません。しかし、子どもたちが生活しているのは紛れもなく地域社会です。子どもの課題を私たちの地域の課題として、社会の課題として受け止めるということは、親や専門職だけでなく、地域のおっちゃん・おばちゃんから、商店主や企業で働く人やその経営者など、多くの人と子どもをめぐるさまざま

な課題を共有していくということです。

この希望を実現していくための実践の一つとして、本書では、主に滋賀県の「滋賀の縁創造実践センター」を中心とした取り組みを考察します。もちろん、こうした取り組みは、各地で行われていますし、これまでも行われてきました。なぜ、この実践を取り上げるのか。ここでは簡単にこの実践を皆さんと共有したいと考えている理由をお伝えしておきたいと思います。

滋賀の縁創造実践センターは、制度の狭間にある生活課題への対応や生きづらさを抱える人びとへの支援という具体的な実践を通して「だれもがおめでとうと誕生を祝福され、ありがとうと看取られる社会」をつくっていくことを目的として、２０１４年9月に設立されました。本書は、滋賀の縁創造実践センターの5年間の取り組みのなかでも、その中心的な実践である子どもを真ん中においた地域福祉実践をまとめたものです。

滋賀の縁創造実践センターは、リーディング事業として「遊べる・学べる淡海子ども食堂」づくりを掲げ、推進してきました。子ども食堂は、まさに子どもを真ん中において、世代を超えて地域の人々がつながり、連帯できる地域づくりの実践としてセンターの活動の中心に位置づけられたのです。さらに、社会的養護の関係者や地域で子どもたちを支援するスクールソーシャルワーカーなどの専門職からは、しんどさや生きづらさを抱える子どもたちの深刻な問題も寄せられてきました。こうした課題の解決を行政に求めるだけでなく、自ら解決策をつくっていこうという滋賀の縁創造実践センターの実践スタイルの中から、新たなモデル事業が生み出されていきました。それが、本書で取り上げる「ハローわくわく仕事体験」や高齢者施設などを活用した「フリースペース」などの事業です。

滋賀県のこうした実践スタイルの特徴は、一言でいえば、「越境する実践」であり、分野や専門といった垣根を越えて、多様な人や組織が手と手を取り合ってつくりだしていくという点にあります。私たちは、子どものことだけではなく、あらゆる制度のはざまや生きづらさを抱えた人の問題を考えるときにこのスタイルが有効だと考えています。

本書は、まず、第1章で本書全体の背景として、現代社会における子どもをめぐる状況、子どもを支えていくための基本的な考え方と「子どもと地域の架け橋」をつくる必要性、そして本書で取り上げる滋賀の縁創造実践センターの概要について説明します。第2章から第4章は、滋賀の縁創造実践センターの「子どもを真ん中においた」3つの取り組み、「淡海子ども食堂」（第2章）、「ハローわくわく仕事体験」（第3章）、「フリースペース」（第4章）について「子どもと地域の架け橋」という共通した視点から、紹介・分析します。また、各章の冒頭には、「子どもたちの物語」というそれぞれの実践をイメージしやすくするための架空の事例をおいています。最後に、第5章では、本書で取り上げた取り組みからみえてくる子どもと地域の架け橋をつくるための「実践スタイル」の共通項をまとめます。「つくることと求めること」を同時に進めながら、子どもを真ん中においた取り組みを「福祉のできごと」ではなく「地域のできごと」にしていくこと、そして、そのような実践を普及させていくためには分野の垣根を越えて「境界に橋を架ける役割」が必要なこと。これらのメッセージが、多くの仲間とともに地域づくりをしていくことに尽力されている皆さんや、そうした皆さんを橋渡ししている人々の参考になることを願っています。多くの人の協働実践が横につながれば、孤立のない共生社会が実現できるかもしれない。その希望をお伝えできればと思っています。

本書で取り上げる

滋賀の縁創造実践センター

Since 2014

の取り組み

滋賀県内の社会福祉法人や福祉関係の団体が会員に

↓

制度や分野を越えて協働するプラットフォーム

>>> 第 2 章

A リーディング事業

遊べる・学べる 淡海子ども食堂

“ごはん” を通じて地域ぐるみで子どもを見守り育てていく、垣根のない居場所。縁センターのリーディング事業として、2015 年に 6 カ所開設したのが始まり。今では、滋賀県内で 128 か所に広がっています（2020.2.29 現在）。128 の食堂それぞれのやり方で、子ども一人ひとりを大事にする、子どもを真ん中においた取り組みが行われている。

第 4 章 <<<

B 居場所づくり小委員会

フリースペース

さびしさやしんどさを抱える地域の子どもたちが夕刻の時間を過ごせる居場所はないだろうか。そんな問題提起から、地域の社会福祉施設が拠点となって、あたたかいご飯とお風呂を提供できる子どもたちの居場所をつくることに。子どもたちは週に 1 回、地域の高齢者施設や障害者施設でボランティアや専門スタッフと夜の時間を過ごします。地域の施設と、子どもを支える専門職、学校や行政が一緒に運営しています。

>>> 第 3 章

C 要養護児童の自立支援小委員会

子どもたちの社会への架け橋づくり事業 ハローわくわく仕事体験

施設や里親のもとで暮らす子どもたちは、滋賀県に約 350 人。彼らは 18 歳で施設を退所すると、ひとりで社会に出ていかないといけません。「子どもたちの社会への架け橋づくり事業」は、彼らを滋賀県全体でサポートするために、入所期間中から自立への土台づくりの支援を行うことを目指します。本書で取り上げる「ハローわくわく仕事体験」もそのひとつ。地元の企業で就労体験をして、深く仕事のことを学んでいきます。

滋賀の縁創造実践センターとは…

高齢者福祉、障害者福祉、児童福祉、生活困窮など、多様な立場の民間福祉団体が、専門分野を越えて集まり、協働実践をめざす会員組織。
「子どもを真ん中においた地域づくり」を掲げ、課題ごとに設置された小委員会から、さまざまな事業を生み出しました。

この本では、縁創造実践センターが生み出した「遊べる　学べる　淡海子ども食堂」「フリースペース」「ハローわくわく仕事体験」の３つの取り組みを例に、協働による地域づくりがどのように行われているかを示します。

目次

第2章　新しい地域づくりのかたち　―遊べる・学べる淡海子ども食堂―

第3章　社会福祉施設等を活用した子どもの夜の居場所づくり　―フリースペース―

第 1 章

子育て社会の課題と滋賀の縁創造実践センター

この章では、社会的な課題となっている『子どもの生きづらさ』とは何なのか、そして子どもの権利の歴史について考えます。滋賀県では、子どもを真ん中において地域づくりをしようとしています。滋賀の縁創造実践センターがどうやって始まったのかを紹介しましょう。

第1節

子育てを地域に開くということ

1. 子どもをめぐる問題

この本で取り上げるのは、滋賀県で行われている子ども食堂、フリースペース、社会的養護の子どもたちの仕事体験事業という、3つの「子どもを真ん中においた」地域福祉の実践です。「子どもを真ん中においた」取り組みは全国各地で行われており、こうした取り組みを実践する人たちに共通しているのは「地域で子どもたちを応援したい」という思いをもっていることです。地域福祉の実践の背景には、子どもや子育て世帯を取り巻く地域社会の課題があります。ここではその地域社会の課題のなかでも、貧困、子育ての困難、社会的養護という問題を取り上げて詳しく考えてみます。

(1) 子どもの貧困

今日では、「子どもの貧困」という言葉を聞いても誰ももう驚かないほど、この問題は社会全体で認識されるようになりました。しかし、厚生労働省が日本の子どもの相対的貧困率が15・7%だと発表した2009年当時は、その数字は日本じゅうの人々を驚かせ、大きな話題を呼びました。日本で6人に1人の子どもが貧困（相対的貧困）の状態にあるというのは、先進国のなかでも高い数字です。この現状を受け、国でも対策をしなければならないという機運が高まりました。2014年に「子どもの貧困対策推進に関する法律」、2015年に「生活困窮者自立支援法」が施行され、2000年代後半から2010年代は「貧困の再発見期」とされています[i]。

　しかし、「貧困」という言葉でイメージされやすいのは飢餓状態や、着るものがない途上国の子どもなど「絶対的貧困」の状態であり、現代社会で暮らす子どもたちが「貧困」状態にあるということは感覚的に理解されにくい問題でした。「私たちの学校には貧困の子どもはいません」「うちの町内に貧困はありません」というように、地域社会においては子どもの貧困そのものを否定する風潮もありました。

　ところが、現代の貧困は決してわかりやすいものではなく、見えにくい形で遍在しています。所得だけでは判断することのできない生きづらさや、学校や地域で孤立してしまうことで「関係性の貧困」を抱える子どもたちも多くいます。子どもの貧困率を調べる調査では、現在、多くの自治体で剥奪指標という指標が使われています。剥奪指標とは、貧困率を所得だけで判断するのではなく、「自転車をもっている／もっていない」「1日3回の食事を食べることができる／できない」など、どのくらい子どもの生活のなかに「欠如」が生じているかを質問し、その人の生活の質のなかで充足されていない項目を指標化するものです。
剥奪指標が必要とされる背景には、現代の貧困は複合的であり、子どもの発達という観点からは子どもの生活の質そのものを測る視点が重要であるという考え方があります。

たとえば義務教育について考えてみましょう。現代日本に住む子どもたちにとって義務教育は無料で受けられるもので、障害の有無や経済的な理由で学校に行けないことがあってはならない、ということは、日本国憲法でも教育基本法でも定められています。ところが実際に小学校に通うことになると、各種教材費や修学旅行の積立金、給食費などたくさんのお金がかかります。沖縄大学の加藤彰彦の試算では、小学校1年生のときにかかるお金は年間35万3千円にものぼるといいます[ii]。実際に、これらの費用を払えないことで恥ずかしい思いをしたり、学校に行きづらくなってしまう子どもたちが多くいます。

(2) 追いつめられる子育て世帯

経済的な貧困に限らず、子育てそのものが非常に困難な状態に陥りやすいのが現代の社会状況です。そのなかで、子育てに深刻な不備や失調が起こるケースのことを「児童虐待」と表現するのだと、児童精神科医の滝川一廣は指摘しています[iii]。子育ての日々は、養育者の心に「ゆとり」がなければ立ちゆきません。子育ての不備や失調が起こるのは、育児からゆとりが奪われるためです。育児のゆとりは、経済困難、家族間の不和、疾病や子どもの障害、子育ての不得手さなど、さまざまな要因により奪われてしまいます。親に頼れないなかでの子育てと経済的な困難はしばしば重なります。子育て家庭は地域社会で孤立し、結果としてゆとりのないなかで子育ての失調＝「児童虐待」として問題が表出します。現象学者の村上靖彦は、虐待というものの背景に社会のひずみや暴力があることを指摘し、「虐待へと追い込まれた親」という表現を用いています[iv]。「虐待」という言葉は私たちに強い悪意や加害のイメージを与えます。

「虐待abuse」という言葉から多くの人は、激しく叩くなどの身体的な暴力やひどいネグレクトをイメージしますが、虐待というのはそれだけではなく、子どもに対する不適切なかかわり（abuse＝力を誤って使うこと）すべてを指します。身体的な暴力に限らず、子どもを支配しようとする力が心理的な虐待となる場合もあります。虐待に至るまでの間に、家族と子どもは多くの困難に直面しています。しかし「虐待」という言葉には子育ての難しさに対する共感はなく、子どもへの一方的な「加害」という視点しかありません。もし子育てに困難を抱えて子どもへのかかわりが不適切になってしまっている親であれば、「虐待をしている」と人から言われることがこわくて隠してしまいたくなるでしょう。追い詰められた親の暴力や支配は、外に吐き出すことができないとエスカレートしがちです。虐待や暴力という現象の裏側には、家庭が社会から受けてきた抑圧、暴力、支配、無関心が深くかかわっています。

子どもの養育には子どもへの強い「関係の意識」（つながりの意識）が必要となり、それは親だけの私的な営みではなく、社会の協働的・公共的な営みという性格をもっているのだと、前述の滝川一廣は指摘しています。子育てというのは親の営みと社会の営みとが連動しながら進められていかなければ立ちゆかないのです。現代社会で子育てにひずみが出ているということは、この連動が上手くいっていないのだと考えられます。

貧困と同じく、児童虐待や養育困難の家庭についても、「自分とは関係のないことだ」と思われがちです。虐待というと親を責める報道ばかりが目立ちます。しかし、子育ての難しさ、大変さ、うまくいかないことへの共感こそが、子育ての失調を予防する最も有効な手立てではないでしょうか。子育てにサポートが必要なのはどの家庭でも同じです。

(3) 居場所のない子どもたち—社会的養護の子どもがもつ生きづらさ

前記のように追い詰められた子育て家庭では、子どもが親と離れて暮らさざるを得ない場合があります。理由はさまざまですが、児童相談所の調査を経て親による養育ができないと判断された場合、子どもたちは里親の家庭や児童養護施設で暮らすことになります。こうした生活状況にいる子どものことを、「社会的養護」のもとで生活する子どもといいます（コラム参照）。

社会的養護の子どもたちは、18歳（場合によっては20歳）になると施設を退所したり里親のもとから巣立ち、自立しなければいけません。実家に戻ることができる子どもたちに比べ、彼らの自立はとりわけ大変なものです。こうした子どもたちへの自立支援は、アフターケアという形で在籍していた施設に任されていますが、その不十分さはこれまでもずっと指摘されてきました。

アフターケアは、職員個人の努力と、退所していく子どもたち本人が「退所後もつながる力」をもっているかどうかに任されていましたが、実際にはうまくいかないケースも多かったのです。

「本当にバカみたいに働いたけど、給料なんか、高校生のバイトに負けるね。施設の職員は、時々メールしてきて「仕事どう?」とか聞くからいつも「問題ないよ」って返したけど、病む寸前だったよ。自分から辞めるとは言えなくて、だけど、ある日身体が言うこときかなくて、

コラム

社会的養護ってなに?

社会的養護というのは、保護者がいない、または病気などいろいろな理由で保護者が育てられない子どもたちが、自分の家庭以外の場所で育つ仕組みのことです。社会的養護という言葉は知らなくても、「里親」「施設」という言葉を聞いたことがある人は多いのではないでしょうか。子どもたちは、児童養護施設や里親家庭、またファミリーホーム(養育者が5〜6人の子どもを家庭環境で養育する仕組み)などで、原則18歳まで生活します。

日本では、だいたい4万5千人の子どもたちが、社会的養護のもとで生活しています(滋賀県には350人)。

子どもたちが抱える問題のひとつに、自立の難しさがあります。親を頼ることができない子どもが、18歳になったとたんにたった一人で社会に出ていくのは、想像以上にずっと厳しいことです。

今回取り上げた「ハローわくわく仕事体験」は、そういった現状を地域の企業に知ってもらうところから始めました。今では、滋賀県全体で社会的養護の子どもたちをサポートする取り組みが広がっています。

パッタリ出勤できなくなった。

その後、会社から施設に連絡が言ったらしく、施設の職員が家に来た。

「そんなにつらくなるまで、どうして相談しなかったの?」って言われたけどさ。相談できる感じじゃないでしょ、職員には。


結果、職員が会社に話してくれて、会社は辞めた。

その後2週間ぐらいは、抜け殻みたいになって休んでたかな。

とにかく働かなきゃ食えないから、ファミレスとかでバイトをはじめたけど、やっぱり人相手の仕事は無理かもしんない。」


（『施設で育った子どもの自立支援』より）

このように、つらくなっても自分から助けを求めることができない退所者はたくさんいるのです。施設退所者は不安定な労働につきやすいこと、生活困難を抱えやすいことは1980年代から指摘されてきましたが、その状況は現在も変わっていません。2010年代に各地（東京、大阪、静岡、埼玉）で施設退所者の追跡調査データを用いた分析では、社会的養護を経験して自立した子どもたちは、大学などへの進学率が低く、非正規雇用の職につきやすい傾向にあり、生活保護受給率も同年代の若者と比べ有意に高く、経済的困窮状態に陥る可能性が他と比べて高い、ということが改めて示されましたvi。

問題の一つに、地域社会のなかでは社会的養護という制度がもつ課題が隠されてしまっている、という点があります。「社会的養護」という言葉も、その子どもたちがどんな困難を抱えるかということも、一般の人には届きにくいのが現実です。見ようとしなければ見えない問題だと言えるでしょう。

貧困や子育ての困難と同じように、社会的養護の問題に地域社会がもっと目を向けるようになれば、社会的養護の子どもたちの自立というのは一部の当事者だけの問題ではなくなり、地域社会全体で共有する問題になります。そうやって課題を分かち合うことによって、当事者を支える社会になっていくのではないでしょうか。

2.「子どもの権利」を知っていますか?

(1) 子どもの権利条約と意見表明権

これまで紹介してきたような子育ての困難、子どもたちが社会のなかで抱えさせられてきたしんどさというのは、これまでの社会にも存在していました。しかし、なかなか目を向けられることがなかったのです。一人ひとりの子どもが生まれながらにもつ権利が認められ、広まることが、子どもを支援することの出発点です。子どもたちに焦点を当てる実践の基盤となるのは、子どもの権利を尊重することです。

1989年に国際連合が採択し、日本では1994年に批准された「子どもの権利条約（Convention on the Rights of the Child）」は、それまで保護し愛護される対象であった子どもを権利の主体と位置づけました。この条約のなかで子どもは、暴力や戦争、親からの分離などの不利益から守られる権利を有するとともに、自分の考えを発言する権利も有する、つまり、子どもが能動的な権利の主体であることが強調されているのです。

子どもの権利条約のなかでも特徴的なのは、子どもが「意見を言うことができる権利」が保障されたことでした。これは「子どもの意見表明権」と呼ばれています。

子どもの権利条約　第12条（意見表明権）

第12条　第1項

「締約国は、自己の見解をまとめる力のある子どもに対して、その子どもに影響を与えるすべての事柄について自由に自己の見解を表明する権利を保障する。その際、子どもの見解が、その年齢および成熟に従い、正当に重視される」

第2項

「このため、児童は、特に、自己に影響を及ぼすあらゆる司法上及び行政上の手続において、国内法の手続規則に合致する方法により直接に又は代理人若しくは適当な団体を通じて聴取される機会を与えられる」

つまり、子どもが自分にかかわるすべてのことについて自分の意見や考えを自由に表現することを認め、その考えは子どもの年齢や成長に配慮しながら尊重して扱われます（第1項）。さらに第2項では、自分にかかわる法律や社会の手続きが必要なときに、国の法律に基づいて、意見を聞いてもらう機会が準備されることを保障しているのです。[vii]

ところが実際には、子どもが自分の手続きに関して意見を聞いてもらうというのはとても難しいことです。特に、先ほどふれた社会的養護の子どもたちの意見表明権を考えると、子どもたちが自分のことを自分で決定するということがいかに難しいかがわかるでしょう。小さな子どもにとっては、自分の気持ちを言葉にすることが難しい場合がほとんどです。そのため、当事者が意見を表明しづらい子どもの場合であっても「意見を聞いてもらう機会が準備される」ためには、子どもにかかわるすべての大人が、子どもが本当に希望することは何なのかを聞くために工夫をこらさなければいけないのです。

日本は1994年にこの条約を批准したにもかかわらず、これまで「子どもの権利」は児童福祉法の理念には据えられていませんでした。ようやく2017年度の児童福祉法改正で、第一条に「すべての児童は」児童の権利条約に保障される権利を享受するものであることが明記され、法律制定以来の理念が改正されることになったのです。改正を経て、児童が権利の中心に位置づけられたうえで、国民、国、地方公共団体が児童の福祉を保障することが児童福祉法に明記されました。

子どもの権利条約を批准したからといって、日本の子ども家庭福祉の法整備は十分とは言えません。虐待対応について、日本は国連の子どもの権利委員会から何度も勧告を受けており、特に子どもに対する暴力（体罰）の認識は世界より大きく遅れているといっていいでしょう。

(2) 戦前の「子どもの権利」

「子どもの権利」は、1989年の権利条約よりも昔から世界じゅうでずっと議論されてきました。スウェーデンの作家エレン・ケイが今から100年以上も前に発表した『児童の世紀』[viii]は、20世紀は児童の世紀であると主張し、世界中でベストセラーになりました。

彼女が子どもたちに保障されるべきだと説いたのは、「自由」に遊べる環境でした。エレン・ケイは特に教育や保育の現場を想定して、次のように述べました。

「心身両面の成長のために素晴らしい世界をつくってやるよりは、子どもが他人の権利の境界を越えない限り自由に行動できる世界をつくってやる、これこそ、将来の教育目標となる

べきものである」　（『児童の世紀』より[ix]）

彼女は子どもたちを押さえつけるような教育、しつけを批判し、子どもたちが自分で遊びを創造する力を伸ばしていくことを奨励しました。また、彼女がこだわったのは体罰の禁止でした。１９００年当時では、今と比べて子どもへの体罰は当たり前になされていたはずですが、その時代において、子どもを「叩く」という行為が養育者のエゴでしかないこと、子どもにとっては悪影響でしかないことを、強い言葉で主張したのでした。彼女の体罰禁止の思想はその後のスウェーデンに色濃く残っており、１９７９年にスウェーデンは世界で初めて体罰禁止を法制化した国になりました。

エレン・ケイの思想は日本の社会事業家にも大きな影響を与えました。１９２１年、全国で初めて公設のセツルメントとして設置された大阪の北市民館の初代館長となり、１９２５年に北市民館保育組合を設立した志賀志那人もその一人です。志賀は、当時スラム街であり、乳児死亡率がきわめて高かった北市民館の周辺住宅地帯で、事業の一つの柱に児童保護をおきました。大正時代の日本で、子どもとその母親たちと一緒に子どもの権利を守ろうとした実践者がいたのです。

(3) 糸賀一雄の「子どもの権利」思想

戦後、滋賀県で近江学園を設立したことで知られる糸賀一雄は、障害の有無に限らず、子どもはそれぞれの発達を見守られる権利がある、とした「発達保障」の考え方を示しました。これは、すべての子どもに発達する権利を保障するという、彼の子どもの権利に対する姿勢の表れであるといえます。

糸賀一雄は、子どもが豊かな人間関係のなかで、叩かれたり、焦ったりしないで発達の段階をたどるさまを「ちょうど木の実が熟して木から落ちるように次の発達の段階にはいっていく」（糸賀一雄『この子らを世の光に』より）と表現しています。どんなに重い障害があっても、子どもは自分のペースでゆっくりと発達していきます。近江学園や、重度心身障害の子どものためのびわこ学園で暮らす子どもたちこそが、すべての人に発達を保障する考え方を体現しており、子どもの権利を守る「健全な社会そのもののいとなみ」だと糸賀は考えていました。

糸賀は、戦後すぐ、児童福祉法施行の後に日本国内で発布された「児童憲章」（1951年）にも、子どもの権利の理念が色濃く表れていると述べています。児童憲章では、「児童は、人として尊ばれる」「児童は、社会の一員として重んぜられる」「児童は、よい環境のなかで育てられる」と謳われ、子どもが「社会」の構成員の一員としてその存在を尊重されるべきだと示されていました。

コラム

糸賀一雄ってどんな人？

糸賀一雄は1914年に鳥取県で生まれ、滋賀県庁勤務等を経て、戦後、戦災孤児や障害児のために力を尽くそうと、まだ障害者に対する社会の理解が乏しかった時代に池田太郎、田村一二とともに1946年「近江学園」を創設し、さまざまな困難に直面しながらも、実情を知って集まった若者や近隣住民、意欲ある人たちの支援を得て、先進的な取組を発展させていきました。

糸賀は、実践活動を通して人間は本来一人ひとりが輝く存在であり、障害のある人たちも分け隔てなく共に生きることのできる社会こそが豊かな社会であると考えました。戦災孤児や障害のある子どもたちとの共同生活の中に“共生社会”と“人がありのままに存在することの価値”を見出し、「この子らを世の光に」という言葉を残しています。

糸賀の思想は福祉の分野にとどまるものではなく、社会の変革を見ていたことがその著作からわかります。「この世のなかは、全体としてどんなに繁栄があっても、そのなかで不幸に泣くひとがひとりでもいれば、それは厳密な意味で福祉に欠けた社会といわなければならないと思う。社会福祉ということばの意味は、社会全体の組織のなかで、一人ひとりの福祉が保障される仕組みをいうのである。経済的な意味でも社会的な意味でも、不平等や差別感が克服されなければならない。そしてひとりももれなく、人間として生まれてきた生きがいを豊かに感じられるような世の中をつくらねばならない。」と記しています。

1968年に54歳で生涯を閉じるその日まで人間の新しい価値観の創造を目指して、人権尊重の福祉に取り組んだ糸賀の精神は、現在も滋賀をはじめ日本の福祉に息づいています。

3. 子どもを支える地域福祉の考え方

子どもたちがおかれる状況は、時代によってさまざまです。しかしいつの時代でも、子どもたちは自分で自分の権利を主張することは難しい、社会のなかで弱い存在です。ここで、子どもを守る保護者や子どもを支える専門職はとても重要な役割を果たします。

一般的には、保護者は子どもの心身の健康に注意を払い、子どもたちを健やかに育てることが期待されます。また、子どもたちの権利を擁護するために、児童相談所や児童養護施設の職員、里親は子どものそばに寄り添うことが求められるでしょう。しかし子どもが社会で健やかに育つ体制をつくるには、それだけでは不十分なのです。子どもを守る養育者や専門職をサポートする役割が、地域社会には求められているのです。

近江学園をつくった糸賀一雄は、地域福祉活動に重きをおいていました。学園における発達保障という思想は、大津市、滋賀県全体の発達保障の体制をよくするものでなくてはいけないと考えていました。そして、施設を支えるのは地域社会であると主張していました。

「今後も施設は必要に応じてつくられていかなければならない。そして専門職の人たちの養成とその処遇の改善と、さらに身分保障が考えられねばならない。

しかし同時に、これらの施設や専門職の活動を支える地域社会の連帯感が、どうしたら健全に育つかということが、とても大きな問題なのである。社会福祉の特質としてあげられる国家責任も国民の権利の主張も、地域の住民による社会連帯感という体液のなかで、はじめて活々とした本来的な活動を開始することができるであろう。」

（『福祉の思想』より[※]）

まるで糸賀の言葉が聞こえているように、本書で取り上げる滋賀県の実践はいずれも、地域の住民による連帯感を醸成するものです。これまで社会では共有されにくかった子どもの課題を地域住民みんなの課題として受け止めようとする動きです。そしてそれは、子どものことを考えるのは親や専門職だけでなく、地域の役割だという「気づき」を生み出すプロセスでもあります。子ども食堂、フリースペース、ハローわくわく仕事体験のどの事業にも、これまで子どもたちの支援にかかわったことのない地域の人たちが携わっています。地域のボランティアであったり、高齢者福祉施設の職員であったり、中小企業の社長など地域のさまざまな登場人物が、子どもたちの課題に気づき、それを地域の課題としてとらえ直してくれているのです。

子どもを真ん中におく、ということは、特別な支援が必要な子どもだけでなくすべての子ども、子どもを育てるすべての養育者、そしてこれから生まれてくるであろう次世代の子どもたち全員を対象に、地域づくりを行うということです。子どもをめぐる問題がどのように地域の問題になっていくのか、本書で紹介する実践を通して確かめていきましょう。

第2節

子どもを真ん中において分野を越えた協働実践が始まる

―滋賀の縁創造実践センターの挑戦―

地域共生社会の実現をめざした民間福祉の実践は、一つは制度のはざまにある生活課題に取り組むということ、もう一つは社会福祉法人や団体が連携して取り組むということ、この二つの方向性が重視されています。具体的な展開としては、生活困窮者支援という切り口から社会福祉法人が連携して新たな支援事業に取り組むという実践のひろがりがみられます。

私たち滋賀県の民間福祉関係者は、2014年、「だれもがおめでとうと誕生を祝福され、ありがとうと看取られる社会をつくろう」という理念のもと、分野や立場を越えて民間福祉ならではの取り組みをしようと新たな会員組織を創り、活動をはじめました。これが滋賀の縁創造実践センター（以下、「縁創造実践センター」という）です。高齢者福祉、障害者福祉、児童福祉、生活困窮とそれぞれが現場で気づいている生活課題は異なりながらも、実は重なっていたり絡み合ったりしています。しかしもっている知識や技術、ネットワークは異なります。そのようななかで縁創造実践センターは子どもを真ん中において会員がそれぞれのもつ力を寄せ合い、滋賀ならではの共生社会の実践を創っていこうと動き出しました。そしてこの活動は福祉関係者だけの取り組みではなく、県民運動として展開をしていったのです。

この節では、なぜ子どもを真ん中においた地域づくりが分野や立場を越えた人たちによる協働実践として生まれ、根づいていったのか、そのプロセスをみることにより、地域共生社会をつくる営みが制度による福祉の延長ではなく〝地域〟の営みとして発展していくとはどういうことなのかを考えていきます。

1．なぜ子どもを真ん中におくことができたのか

(1) 滋賀の縁創造実践センターの発足

前述のとおり、縁創造実践センターは、民間社会福祉関係者らが会員となって2014年に創設した県域の団体です。これは国や県の施策として滋賀県社会福祉協議会(以下、「滋賀県社協」という)が実施する一事業ではなく、滋賀における新たな福祉のしくみとして民間福祉関係者が自分たちの手で、自分たちが主導して、滋賀ならではの共生社会をつくる実践をしようと資金と人と時間を持ち寄り、必要な事業を創造し実践するところにその特徴があります。

縁創造実践センターは、だれもが「おめでとう」と誕生を祝福され「ありがとう」と看取られる社会をつくろうという理念を掲げました。志を同じくする人たちが協力し合って、生きづらさを抱えながら支援につながっていない人々、制度のはざまにあるため支援が得られない人々の二

ーズに対応する支援をつくって届けよう。何よりも社会とのつながりから切れている人々の縁を紡ぎ直し、「おめでとうからありがとうまで」を実現しようと、民間福祉関係者らに広く参画を呼びかけたのです。福祉の先人である糸賀一雄らの実践の思想である「自覚者が責任者」を受け継ぎ、現場の課題に気づいた者が仲間になって何か一つでも課題に対応する取り組みを創造実践する組織であるということも明確に打ち出しました。

そうして、児童・保育・高齢分野の施設協議会や社会福祉法人、介護保険や障害福祉の民間福祉施設・事業所、職能団体、そして当事者団体、社会福祉協議会、民生委員児童委員協議会、医療福祉連携団体、さらには企業の社会貢献ネットワーク組織、滋賀県レイカディア大学（高齢者の地域リーダー育成を目的とした県の大学校）などが会員として参画し、多様な分野、立場の組織、団体による協働実践の推進母体が動きだしたのです。

縁創造実践センターが行う事業は、制度や施策にまだない事業です。会員からの拠出金（会費）や寄付、県からの交付金などで設立時に約1億円の基金を造成し、これが事業を具体化していく貴重な資金となりました。

縁創造実践センターの活動は2期に分かれます。２０１４年、法人格をもたない任意団体として創設した縁創造実践センターは、当初の活動期間を5年と決めました。会員が浄財と人材、そして貴重な時間を持ち寄るのですから、計画、実行、評価、見直しという組織経営の原則に従い、5年間という期間で滋賀の福祉における縁創造実践センターの存在意義を見極めようとの考えがありました。

5年満了後の縁創造実践センターのあり方についての会員の意思は、事業の必要性から継続を求める意見が多数であったことから、理事会での決議、総会での承認を経て、任意団体としての縁創造実践センターは当初の計画どおり解散し、創設から6年目となる2019年4月からは、滋賀県社協が縁創造実践センターの理念と実践を継承することになりました。滋賀県社協は定款改正を行い、法人の目的、事業に縁創造実践センターから受け継いだものを明記し、さらには法人（滋賀県社協）の呼称を滋賀の縁創造実践センターと定め、法人として滋賀の縁創造実践セン

コラム

社会福祉協議会とは？

社会福祉協議会は略して社協と呼ばれ、社会福祉法に「地域福祉の推進を図ることを目的とする団体」として規定され、日本全国すべての都道府県と市区町村に設置されています。中央には全国社会福祉協議会があります。社会福祉法人という種類の国によって認可された民間団体です。歴史は古く、戦後間もない昭和26（1951）年に民間の社会福祉活動の強化を図るため、全国、都道府県、市区町村の順に組織化がすすみました。

市区町村社協は住民会員制度がその特徴で、地域に暮らす人たちが主体となってさまざまな福祉関係者との協働のもと、だれもが人として幸せに暮らせる地域社会をつくるためにサロンやカフェ、子ども食堂といった居場所づくりや助け合い活動、福祉教育に取り組んでいます。また社協職員は福祉の専門職として生活困窮や権利擁護についての相談支援、介護保険、障害福祉の事業で住民生活をサポートしています。

各地で地震や風水害による災害が起きるなか、災害ボランティアセンターの運営も社協が担う大切な役割となっています。

ターを展開しています。併せて法人の会員制度として「縁特別会員制度」を創設し、民間福祉関係者をはじめ志を同じくする人々が、第1期の縁創造実践センターと同様に主体として参加するしくみが整いました。

県行政も、設立時に締結した「公私協働連携協定」のもと、縁創造実践センターの実践から見出された成果が県全体のものとなるよう企画段階から活動に参画し、福祉の連携システムづくりに取り組んできました。

(2) 会員による小委員会から事業が生まれた

縁創造実践センターは理念を具体化する実践の方向性として、次の3点を掲げました。それは、①トータルサポートの福祉システム化、②制度の充実と制度外サービスへの取り組み、③縁・支え合いの県民運動でした。この方向性に従い、会員の浄財を財源として現場のニーズに基づいた事業を創造し、スピード感と柔軟性をもって取り組みをはじめたのです。

縁創造実践センターでは寄せられた課題を分類し、各分野、団体から選出された企画員がメンバーとなり課題ごとの小委員会を設置しました。この小委員会が事業の企画立案と実践の先導役でした。各小委員会はリーダーのもと精力的に現場の人々から生の声を聴き、「何のため、誰のため」に「何をするのか」の方向づけを行ったうえで、できることからチャレンジしてみるという姿勢で動き出しました。「私は高齢者ケアの専門職である前に、社会福祉の専門職なんだということを改めて自覚した」というある小委員会リーダーの言葉どおり、社会福祉施設のリーダーの現場力と実践力がエンジンとなって縁創造実践センターの実践は生み出されたのです。

制度のはざまへの取り組み、生きづらさを抱える人びとの支援など、縁創造実践センターの実践課題は、さまざまな世代の人びとのところにあります。そしてその課題はどれも、何か一つの事業を実施したらクリアできるというゲームのようなものではありません。地域によって取り組み方が異なることもあります。福祉の政策資料には「全世代型」という言葉が出てきますが、なぜ縁創造実践センターの実践は「子どもを真ん中に」したのか、センター設立につながった実践者の思い、トップの思いがここに強く反映されているのです。

(3)「子どもを真ん中に」ということ

縁創造実践センターの構想がまだ具体化していなかった2013年の夏、滋賀県里親連合会の会長だった元藤孝は、福祉団体が集まった会議の終了後にこんな話をしました。

「生活困窮者自立支援制度の理念と支援が、支援を必要としているすべての子どもたちにも届き、子どもたちのこれからの人生を支え応援できるものになるよう、私たちは実践しつつ訴えていきたい。親支援を通してではなく、子どもを真ん中においた包括的な相談支援のシステム化をめざしていきたい」。

縁創造実践センターの設立を呼びかけた滋賀県社協会長の渡邉光春もまた、子どもたちが本当に大事にされる社会をつくっていくことが私たちの責任であるという考えをもっていました。渡邉は、「何よりも子どもの笑顔は地域の人びとを元気にし、そして、人びとが子どもたちへのまごころでつながっていくと信じている」と言い、「私たちには、『自覚者が責任者』という糸賀一雄から受け継いだバトンがあり、さらには制度がなかった時代に障害のある子どもたちのために親御さんらが自らつくり、実践をひろげ国を動かした共同作業所づくりというロールモデルがある。今こそ子どもを真ん中において課題に取り組むことを通して人と人が共感し、互いを尊重し、連帯していこう」と呼びかけました。

こうして縁創造実践センターの子どもを真ん中においた実践は、生きづらさを抱える滋賀の子どもたちがいきいきと働き暮らす夢をもてるよう、そしてそこに向かって歩めるように、子ども支援の関係者からの発信を受け共感した人々によって始まったのです。

縁創造実践センター設立から半年後、滋賀県社協の提案と発信で「遊べる・学べる淡海子ども食堂」づくりが始まりました（「遊べる・学べる淡海子ども食堂」の実践は第3章で説明）。縁創造実践センターの取り組みを「福祉のできごと」に終わらせず、地域のなかで気づいた人たちが協力して小さな活動をひろげていく、そういう共感力や連帯感を高めていく取り組みにしたいと考えていました。少子高齢化が進むなか、子どもは地域の宝だという思いは共通です。しかし、この思いとは逆の方向にある子どもの貧困、児童虐待の問題は地域のなかでは見えづらいのです。

だからこそ、地域でどの子もつながれる居場所をつくろうという考え方のもと、「地域食堂」としての「子ども食堂」を縁・共生の場づくりのリーディング事業と位置づけました。「福祉のできごと」から「地域のできごと」に、これがメッセージでした。

2017年2月10日、ちょうど、遊べる・学べる淡海子ども食堂のモデル食堂が50か所を超えた年、「この子らを世の光に～子ども食堂サミットinしが」が開催されました。大会で発信されたメッセージを以下に紹介します。

この子らを世の光に。

これは今から50年前、糸賀一雄が、ともに生きる地域を創っていく実践の思想として私たちにつないでくださったことばです。

私たちの目の前にいる子どもたち。一人のもれもなく彼らはかけがえのない存在であり、その笑顔は無縁社会といわれる世の中にやさしい光を注いでくれます。

子ども食堂に集まってくる子どもが発するやさしい光が、さまざまな人たちをつないでくれる。そんな思いからこのことばを滋賀県で初めて開催する全国交流会のテーマとしました。

滋賀県では、平成26年9月、糸賀一雄の活動のことばである「自覚者が責任者」との思いに共感する民間福祉関係者によって滋賀の縁創造実践センターが設立されました。「だれもがおめでとうと誕生を祝福され、ありがとうと看取られる地域」をめざし、制度の対象になる、ならないではなく、生きづらさを抱えながら支援が届いていない人に福祉の関係者同士が寄り添い地域のなかで支えていこうと、居場所をつくり、支援を届ける活動を始めて3年目となりました。それぞれの地域で課題に気づいた人々が縁でつながり、共生社会へのうねりが起こりはじめています。

「遊べる・学べる淡海子ども食堂」の活動は、滋賀の縁創造実践センターのリーディング事業として推進しているもので、今、滋賀県内には50か所を超える子ども食堂があります。学区内で実行委員会を組織されたり、ボランティアグループや福祉施設が中心になって開設されるなど、地域のなかで手づくりの運営をされています。

台所の音、ごはんのにおい、よそゆきでなく温かさに満ちたことばがけ

ごはんをつくってくれる人、いっしょに食卓を囲む人、あそびを教えてくれる人

子ども食堂には、子どもたちへのあたたかいまなざしと可能性をはぐくむ支援が豊かにあります。そしてここでは働く世代も、高齢者世代も、子ども世代も皆が活動の主役です。

全国津々浦々で、さまざまな家庭状況や背景を抱えた子どもがほんとうにうれしい気持ちになれる居場所が豊かにひろがり、地域の人々がまさに「地域里親」として子どもたちの笑顔をはぐくんでくださるコミュニティをつくっていきたいと思います。

子ども食堂が地域食堂として発展していくよう、気づいたものがともに実践しようではあ

りませんか。

⑷「福祉のできごと」から「地域のできごと」に ～子どもの笑顔はぐくみプロジェクト

縁創造実践センターが子ども食堂づくりを始めて丸2年が経った2017年8月、新たなプロジェクト「子どもの笑顔はぐくみプロジェクト」が始まりました。この当時、県内では70か所を超える子ども食堂が運営されていました。縁創造実践センターの活動期限まであと2年。縁創造実践センターの代表理事を共同で務める滋賀県社協会長の渡邉光春は、遊べる・学べる淡海子ども食堂の実践から見えてきた「三つのC」について、以下のように説明しています。

一つ目は、地域のなかで地域の人たちや子どもたちのコミュニケーション（communication）が非常に活発になってきたところが多いということ。二つ目は、そういうなかで、潤いのあるコミュニケーションがあるコミュニティ（community）ができてきたこと。そして三つめは、こうした営みが人口減少社会、少子高齢社会における地域社会像を提示しているのではないかという意味で、地域社会へのチャレンジ（challenge）と言えるのではないか。

子どもの笑顔はぐくみプロジェクトはこの三つのCに確信を得て、滋賀ならではの共生社会の姿を描き立ち上げたものでした。このプロジェクトは子どもたちへの温かいまなざしと、子どもたちの可能性を育むための知恵を結集し、子ども食堂の実践から見えてきた「子どもを真ん中においた地域づくり」をさらに進めるための「応援団」をつくる実践です。プロジェクトは県内に事業所をおく企業をはじめ、さまざまな立場や世代の県民3万人にかかわっていただき、3億円の基金を造成し、県内の小学校区に最低1か所、合計で約300か所の子ども食堂をつくっていきたいと発信しました。その先に見えるのは、まさしく潤いのあるコミュニティです。同時にこれは、縁創造実践センターの目指す地域づくりを担う「人づくり」のプロジェクトでもありました。

しかし、ここに一つ難しい問題がありました。縁創造実践センターがモデル事業として取り組んできたハローわくわく仕事体験（ハローわくわく仕事体験の実践は第4章で説明）も、フリースペース（フリースペースの実践は第3章で説明）も、そして子ども食堂も、背景にある課題は子どもの貧困や児童虐待、さびしさやしんどさという生きづらさです。しかし、彼らの生きづらさは簡単には見えません。そんな中で、生きづらさを抱えたまま大人になる子どもを一人でもなくしていこうという思いに共感し動いてくださる応援団づくりというのは、どのような考え方と方法で進めていったらよいのでしょうか。私たちは地域福祉の実践者として、方向性を明確にする必要がありました。

「貧困や虐待という問題は福祉を仕事としている人が取り組むことだ」という考えが一般的にはあるはずです。自分には関係ないという気持ちというより、気がかりなことだけれどそれは難しい問題であるし、専門知識のない一般の県民にかかわれることがあるのか、ずいぶん垣根の高いことのように感じるということではないかと思います。だからこそ私たちは、「福祉のできごと」から「地域のできごと」にというコンセプトをもって、福祉課題から子どもを見るのではなく、どの子も大切な滋賀の子、地域の子なのだから、目の前にいる子どもたちのために、子どもの笑顔を育むために応援団になってくださいと呼びかけたのです。大切なのは共感です。生きづらさを抱える子どもにとって安心で温かい人との縁を一つでもたくさんつくっていこうと多くの方に子ども食堂など実際の活動を知ってもらい、実践者の思いや子どもの姿にふれていただく機会をつくりました。

安心で温かい人は地域のさまざまなところにいる。これが「子どもの笑顔はぐくみプロジェクト」の考え方でした。安心で温かい人との縁は、子どもだけではなくすべての大人にとっても不可欠な縁なのだと思っています。

2. みんなで創っていく地域福祉の予感、実感

⑴ ネットワークの力、協働の力、共感

縁創造実践センターは県内の福祉関係者の協働実践を推進するプラットフォームとして立ち上がったものでした。縁創造実践センターの5年間の活動は、①制度の狭間などへの問題提起・課

題解決型ネットワークとしての機能、②分野を越えた連携の基本システムとしての機能、③共生社会をつくるための手法としての機能、という3つの機能について、県という広域における取り組みのかたち（原型）をつくったと評価しています。法や制度にもとづく福祉事業では取り組めなかったこと、取り組んでこなかったことに向き合い、創造実践していく活動―縁創造実践センターは共生社会をつくる地域福祉実践の新たな手法として、継続し、発展させていく必要があると考えています。

縁創造実践センターが目指した地域福祉は、民間福祉関係者が分野や立場を越えてつながり、社会とつながっていない人の縁を地域住民とともに紡ぎ直すということでした。そしてその新たな手法で取り組む課題の大きな柱が、生きづらさを抱える子どもに縁を紡ぎ直すということだったのです。縁創造実践センターがその実践を通して多くの人たちと縁を紡ぐことができたのは、会員のなかで滋賀の子どもたちが抱える生きづらさを共有する場をつくっていったことが大きな動機でした。そこから、子どもの福祉の専門家ではないけれど、福祉関係者として何かできるのではないかと動き出す人たちが発信し、子どもの福祉の専門家たちもまた、子どもが自立していく先は施設の中ではないと、地元の企業の人たちに子どもたちのことを話してみようと動き出したのです。「施設や里親のもとで暮らす子どもの応援団になってほしい」。この呼びかけは何人もの地元の企業家の心を動かすことになりました。

ネットワークが機能した要因の一つは、企画小委員会のリーダーの力です。リーダーは県社協の職員ではなく、社会福祉法人や団体の管理職でした。さまざまな形でニーズに対応する事業が生まれたのは、自主性・自律性そして鋭い現場感覚をもつ人たちによる小委員会のしくみと、リーダーの発信力、実践力に負うところが大きかったといえます。

二つ目は、縁創造実践センターというプラットフォームに配属された県社協のワーカーやコーディネーターがつなぐ力を発揮して、課題を共有する人が集まり、できることを考える場を継続的につくっていったことです。

そしてもう一つは、企業の参画があったことです。滋賀県中小企業家同友会の会員企業、淡海

用語解説

滋賀県中小企業家同友会

1979年に設立され、現在の構成員数は600名。全都道府県に約46000名の会員を擁し、中小企業家同友会全国協議会を構成している。「よい会社づくり」を通して地域社会の発展を目指して活動している。（参考：滋賀県中小企業家同友会ウェブサイト）

用語解説

淡海フィランソロピーネット

滋賀県内に事業所をもつ企業や団体がそれぞれのもち味をいかした社会貢献活動が地域福祉の推進に役立つものとなるよう連携協力しようと結成した会員団体で、滋賀県社協が事務局を担う。阪神淡路大震災の被災地支援活動がきっかけとなって1996年に設立され、現在約100社が参加している。

フィランソロピーネットの会員企業が地域社会の課題に対する企業の社会的責任を表明し、何よりもその決断と実行のスピードが施設職員やコーディネーターを勇気づけてくれました。

(2) みんなで創っていく地域福祉

滋賀県社協会長の渡邉光春は、2019年1月に創刊した滋賀県社協の広報誌「季刊ひたすらなるつながり」の序文に次の文を寄せています。

こうした福祉実践を確かなものにし、さまざまな「ライフ」に光を見出していく不断の積み重ねをしていくうえでのキーワードは、近江学園レリーフ除幕式において糸賀一雄氏が言われた「人間が本当に人間を理解していくひたすらなるつながり」の世界ではないかと思います。それは相対的に不利な立場にある人へのあたたかい眼差しのある地域社会であり、それぞれの可能性を尊重する地域社会だと思います。

子どもを真ん中においた地域づくりへの思いは、ひたすらなるつながりの社会の実現であり、その方法はみんなで創っていく地域福祉なのです。共に活動する社会福祉法人の役職員たちも、企業家たちも、ボランティアの人たちも、子ども食堂に集う子どもたちも、高齢の人たちも、子どもの保護者も、活動を通して「人間が本当に人間を理解していくひたすらなるつながり」のなかにいることに気づき、そのあたたかさを自分のものにしていくのでしょう。

ハローわくわく仕事体験の協力企業として事業開始当初から社会的養護の子どもたちの就労体験を受け入れ、自立を応援している宮川絵理子さん（宮川バネ工業株式会社専務取締役）もまた、「ひたすらなるつながり」の社会をつくる実践者の一人として、私たち社協職員や児童養護施設の職員、そして企業関係者らにその思いを次のように語っています。

地域とともに歩む中小企業として、関心はなくても関係がない企業は1社たりともない。この仕事体験は、子どもたちにとって興味本位とか義務とかいうものではなくて、将来に直結しているということに気づかされました。いろんなかたちのかかわり方があるということを企業の立場から発信して子どもたちの応援団を少しでも大きくしていきたい。

みんなで創る地域福祉とは何かということを、宮川さんのように自分の言葉で具体的に発信していくこと。これが共感をひろげていくために欠かせないアクションなのです。

(3) 子どもの可能性のもつ力

フリースペースで出会う子どもたち、ハローわくわく仕事体験で出会う子どもたち、子ども食堂で出会う子どもたち。一人ひとりの子どもと縁創造実践センターの実践者の間には共通の歴史があり、思い出があり、経験の積み重ねがあります。家族や養育者ではないからこそ感じる子どもの成長もあるはずです。

縁創造実践センター創設以来の仲間である山本朝美さん（社会福祉法人小鳩会　小鳩乳児院院施設長）の2017年の縁フォーラムでのメッセージを紹介します。

滋賀県下の社会的養護のもとで育つ子どもたちのなかで7割の子どもたちが虐待により心や体が傷つき、里親や施設で暮らしています。「いろいろあるけどここが一番ましや」。これが子どもたちの気持ちです。傷ついた心や体は長い間子どもたちの気持ちを立ち止まらせてしまいます。

縁を切られた子どもに縁をつくる、これが私どもの取り組みでした。しかし、ドカッと傷ついた子どもは就労体験に行きたくても行けないのです。私たちが一歩踏み出したきっかけは、働く人たちの言葉、姿、まさに縁をつくろうとする大人の姿でした。

プロフェッショナルセミナーのなかで社長さんが子どもに聞いてくださいました。「君は何が苦手で何が得意？」。ほんとに必死で子どもは答えました。「ぼくは字を読むのも書くのも苦手です」「じゃあ字を書いたり読んだりしなくてもよい仕事を選べばいいんだね」と社長さんがおっしゃったときの子どもの姿は、まさに乳児のときに私たちが見せてもらった、ほんとに無垢な笑顔であったと思います。あ、安心するってこういうことなのだなっていうことを、私はこの子から教えられました。

支援する大人たちは、縁創造実践センターのモデル事業から生まれた「社会への架け橋づくり」で、子どもたちの真剣に未来に向かおうとする力をたくさん見せていただきました。「ぼくって役に立つんやで」。そう言った子どもの言葉、本当に縁をつくろうとした方々の努力から生み出された言葉ではないかなと思っています。子どもが本来もっているこのエネルギーを糧に、私たちは子どもたちの力を信じ、皆さまの縁をつくっていこうとする力を借りながら、今後は子どもたちのアフターケアに向かっていきたいと思っています。

それぞれの子どもの可能性を信じ、尊重し、認め、励ましてくれる人がいることが、これほど大きな意味をもつのだということは実際にかかわってみないとわからないことでした。出会った子どもたちの可能性に支援者が力をもらっている。縁創造実践センターの実践はこうして広がってきたように感じます。

i 松本伊智朗編（2016）『子どもの貧困ハンドブック』かもがわ出版
ii 加藤彰彦（2016）『貧困児童』創英社
iii 滝川一廣（2017）『子どものための精神医学』医学書院

iv 村上靖彦（２０１７）『母親の孤独から回復する』講談社メチエ、p.8
「子育てをしていく上で困難を感じる人はたくさんいる。その困難の原因は『虐待を行った』とされる人や家族関係の葛藤だけに由来するものではなく、貧困や差別のように社会全体に拡がるものである。たしかに虐待は親の側の「力の誤用」だが、しかし何らかの理由で親はそのような行為へと追い込まれているのだ。」

v 高橋亜美、早川悟司、大森信也（２０１５）『子どもの未来をあきらめない　施設で育った子どもの自立支援』明石書店、p.147

vi 永野咲・有村大士（２０１４）「社会的養護措置解除後の生活実態とデプリベーション」『社会福祉学』54（4）、pp.28–40

vii 川名はつ子監修、チャーリーノーマン（２０１７）『はじめまして、子どもの権利条約』東海教育研究所

viii エレン・ケイ著、小野寺信、小野寺百合子訳（1900 = 1979）『児童の世紀』冨山房百科文庫

ix 右掲書、p.142

x 糸賀一雄（１９６８）『福祉の思想』日本放送出版協会、p.106

第2章

新しい地域づくりのかたち

─遊べる・学べる淡海子ども食堂─

この章では、子ども食堂の状況と実践者の皆さんの思いを紹介し、滋賀県内の子ども食堂が子どもや地域の人たちにとってどんな場所になっているかを考えます。滋賀の縁創造実践センターのリーディング事業として始まった子ども食堂は、現在も県内あちこちで広がり、地域の人たちがつながる大切な場所として発展してきました。

アイの物語

お父さんもお母さんも毎日お仕事で帰ってくるのは私が寝る時間
家に帰っても1人で寂しいから、友達と遊んだ後はいつも1人で公園で遊んでいる
ある日、いつものように公園で過ごしてたら
「アイちゃん、もう暗くなるのにまだ遊んでるの？」
いつもスクールガードをしてくれている松本のおばちゃんから話しかけられた
「お父さんもお母さんも帰ってくるのが遅いから……」
そういうと、「じゃあ一緒に子ども食堂行ってみいひん？」って

子ども食堂ってなんやろう？
よくわからへんけど、おばちゃんと一緒やし
1人で遊んでるのもつまらへんしな。行ってみようかな

近づくとカレーのおいしそうな匂いがただよってくる
「おかえり！」「もうご飯できてるよ、はよ食べ！」
子ども食堂についたとたん、そこにいたみんなが話しかけてきてびっくりした
おかえりなんて言ってもらうのいつぶりやろう？
「あ、アイちゃんも来たん？　こっちで一緒に食べよ！」
同じクラスのマキちゃんもいる
周りをみるとほかにも知ってる子がいっぱいで安心した

久しぶりのみんなでごはん
やっぱり誰かと一緒に食べるごはんっておいしい
ここにはおじいちゃん、おばあちゃん、
赤ちゃんもそのお母さんも、大学生のお兄ちゃんもいろんな人がいた
いろんなゲームも置いてあって、みんなで思いっきり遊んで、
帰りは暗いからっておばちゃんと一緒に帰った

「アイちゃん、毎月ここで子ども食堂やってるからまたおいで」
帰り際に松本のおばちゃんがそんなふうに言ってくれたから
それから毎月第３水曜日は子ども食堂の日
ここではみんなが「おかえり」って迎えてくれて
ちょっと手伝ってみたら「ありがとう」の声をいっぱい聞く
みんながほめてくれるからなんかくすぐったい気持ちになった

でも、何か月かして久しぶりにお母さんと一緒にご飯を食べてたとき
「アイ、最近子ども食堂行ってるんやって？
あそこはかわいそうな子が行くところなんやからアイは行ったらあかん」
突然お母さんに言われた
なんでなんやろう？　友達もいっぱい来ている場所
でも、お母さんに怒られたくないから「わかった」って言ってしまった

次の子ども食堂の日
公園で過ごしてたら松本のおばちゃんが「アイちゃん行こう」って声をかけてくれた

行きたいけどお母さんとの約束があるから「行けへん」って伝えた
「どうしたの？」って聞かれたから、
「お母さんに、子ども食堂はかわいそうな子が行くところやから
行ったらあかんって言われたから……」
そう伝えると、おばちゃんはびっくりしてた
「じゃあ、おばちゃんがお母さんに話してみるわ！
お母さんにも一緒に来てもらおう！」
もう行けへんって思ってたから、そういわれて今度は私がびっくりした

次の日曜日、友達と遊んで家に帰るとおばちゃんがいた
どうなったんかな……ってどきどきしてたら
お母さんが「アイ、この前は行ったらあかんって言ったけど
おばちゃんと一緒にまた行っておいで」って
おばちゃん、どんな魔法つかったん？

あとでお母さんに聞いたら、おばちゃんは
いっぱい写真をもってきて、子ども食堂で
私が楽しんでいる様子を伝えてくれたみたい
写真を見たら、私が写っているのがいっぱい！
なんか恥ずかしかったけど、こんなに見てもらえてたんやなってうれしかった

おばちゃんのおかげで、また毎月第３水曜日は子ども食堂に行ってる
最近は子ども食堂でカレーのつくり方もちょっと覚えて
家でお母さんとつくることもできるようになった
冬休みのいつも苦手な書道の宿題も、
子ども食堂に来ている山田のおじいちゃんが一緒に書いてくれて
今までで一番きれいに書けた
山田のおじいちゃんは昔は書道の先生をしてたんやって

今まで近所の人ってだれも知らんかったけど

最近は公園で遊んでても買いものに行っても「こんにちは！」って言うことが増えた
だって子ども食堂で出会った人がいっぱいいるから
「今日は学校どうやった？」「どこ遊びに行くの？」
会うたびに答えるんは疲れるけど、なんかうれしい

1. 子ども食堂とは

「子ども食堂」という地域の実践を耳にしたことがある人はどのくらいいるでしょうか。無料や安価で子どもたちをはじめ地域住民に食事を提供する場です。この「子ども食堂」という言葉がメディアに登場し始めたのは2012年ごろのことでした。朝日新聞紙記事データベースをみてみると、子ども食堂に関するもっとも古い記事は2012年10月1日、東京西部の地方面「大きな紙、好きな絵存分　新聞工場が提供、大田でイベント」というもので、大田区の「気まぐれ八百屋だんだん」の紹介、寺子屋や子ども食堂などを開催という内容でした[x]。「気まぐれ八百屋だんだん」を運営する近藤博子さんは、子ども食堂という言葉の名づけ親となった人です。

全国に子ども食堂が広がった時期は、2008年ごろから「子どもの貧困」という言葉がよく取り上げられ、社会問題として認識されるようになった時期と重なります。2014年9月25日に放送されたNHKの「クローズアップ現代」では、東京にあるNPO法人「豊島子どもWAKUWAKUネットワーク」（理事：栗林知絵子さん）による「要町あさやけ食堂」の取り組みが紹介され、大きな反響を呼びました。しかし、この子ども食堂の動きは、直接的に子どもたちの日々の栄養状態を改善するものではありません[xi]。子ども食堂の全国的な広がりからわかるのは、貧困家庭の子どもたちに食料を供給するというよりも、地域社会で子どもたちの問題を共有しようという動きが広がっているということです。

全国的に広がる子ども食堂は、もともと「子どもの貧困」という社会問題への対応に端を発したものでした。ところが子ども食堂の実践が始まるとすぐに、多くの実践者は「この子ども食堂は、貧困という問題の直接的な解決策になっているだろうか？　そもそも、子ども食堂とはそういうものなのか？」という疑問に直面することになります。対象を限定するわけにいかない、月に一度しか開催することができない、などいろいろな問題点が思い浮かびます。そもそも、子ども食堂というのは「貧困対策」なのでしょうか？

現在では多くの子ども食堂で、実践者の方々は「ご飯を子どもに食べさせることだけが目的ではない」と考えています。子ども食堂を「貧困対策」と限定してしまうことは、地域の可能性を狭めることにつながります。子ども食堂は「大人の目から見て貧困な」子どもを救うことを目的としているのではなく、子どもたち（時には子どもだけではなく大人も）が自ら居場所として認識するものなのです。

子ども食堂というツールを通して、地域社会の大人が「子どもが主役の場をつくらなければいけない」と気づくこと、それこそが、子ども食堂が始まって地域にもたらされた成果です。社会問題として「子どもの貧困」が取り上げられたことがきっかけになり、多くの子ども食堂ができました。それは、多くの地域でそれぞれの気づきをもたらしました。多様な活動主体が、地域の子どものために場所をつくって活動し始めました。なかには、高齢者福祉に携わっていた人、これまでボランティア活動をまったくしたことがなかった人や、学生などもいます。実践を行う人たちが、手探りで子どものために食堂をつくり始め、子どもたちのパワーに驚くこともあります。

滋賀県内のひとり親家庭を対象とする調査の自由記述のなかに、こういった意見がありました。「子ども食堂、よいと思いますが私は行かせたくありません。自分が他人より愛情を受けていない、と子どもが感じてしまうかもしれないので」

この意見に限らず、「あんなとこ行ったら恥ずかしい」と言われている子ども、もしくは言われていなくても、自分で家族を慮って敬遠している子どもはたくさんいるでしょう。自分や子どもを傷つける場所なのではないか、と不安に思う、当然の気持ちです。

大阪市西成区で「にしなり☆こども食堂」を切り盛りする川辺康子さんは、2016年9月10日に行われたこども食堂サミットで、「子ども食堂がどんどん有名になってほしい」と話しました。なぜかと言えば、全国で食堂がいっぱいできて、そこでごはんを食べることが当たり前になってくれれば、「貧乏やと思われるからあんなとこ行ったらあかん」と言われてしまって、本当は食堂に行きたいのに行けない子どもがいなくなるからです。

これからたくさんの子ども食堂ができて、週に1回、もしくは月に1回でも、食堂でご飯を食べることが普通になれば、誰も「貧乏が行くとこやで」なんて言う人はいなくなるでしょう。これまで遠くから見ていた大人も、かかわるようになるでしょう。調理はできないけど食材を差し入れよう、と思う人も増えるでしょう。いつの間にか地域全員が、地域の子どものことを考えるようになるかもしれない。それが、地域全体で子どもを支えるネットワークの基盤になるのです。

2.「遊べる・学べる淡海子ども食堂」のあゆみと特徴

縁創造実践センターは、リーディング事業として「あったかいごはんを通じて人と人が出会いつながる垣根のない居場所」＝「遊べる・学べる淡海子ども食堂」推進事業を位置づけました。このモデル事業をきっかけに、滋賀県では子ども食堂の数が現在も増え続けており、その数は２０１９年10月1日現在で１２６か所にのぼります。滋賀県内で子ども食堂が急速に広まったのは、縁創造実践センターから経費などの助成（初年度20万円、その後10万円／年、３年まで）を受けられる経済的支援ももちろん大きな要因の一つですが、この事業では縁創造実践センターが何かを強制するのではなく、各食堂のサポートを目的としていたことも大きな助けになりました。縁創造実践センターが掲げる「遊べる・学べる淡海子ども食堂で大事にしたいこと」は以下の4つです[xiii]。1つ目は、「子ども一人ひとりを大事にする場所として」、2つ目は「子どもが遊びや学びを通して育まれる場所として」、3つ目は「子どもを見守り育む地域の応援団づくり」、4つ目に「さびしさやしんどさを抱える子どもが来られるように」。

つまり子ども食堂では、単に「食事をすること」は重視されていないことがわかります。縁創造実践センターが子ども食堂に求めるのは「地域に子どもを大切にするサポーターをつくること」

「子どもを真ん中においた、子どもたちのための居場所が地域にできること」、つまり子どもに焦点をあてた地域づくりを目指してきたのです。

ここで簡単に、滋賀県内の子ども食堂のあゆみを紹介します。縁創造実践センターは、「遊べる・学べる淡海子ども食堂」プロジェクトチームを２０１５年３月に設置し、県内で子ども食堂を運営するモデル事業の募集を開始しました。その約半年後の２０１５年10月に、最初のモデル事業として６団体が採択されました。

図１を見るとわかるように、モデル事業の募集を開始してから子ども食堂への応募団体数は急増し、「初年度14か所」という目標は２０１６年３月時点で16か所を採択して達成され、「２０１６年度に50か所」という目標もクリアしています。最初に採択された６団体とは、１「ながはまこども食堂」（社会福祉法人グロー）、２「おいわか子ども食堂「おいで屋」」（社会福祉法人真盛園　地域交流センター老いも若きも）、３「子ども食堂平野学区のぞみ」（平野学区母子福祉のぞみ会）、４「晴嵐みんなの食堂」（NPO法人CASN）、５「ゆうあい子どもカレー★食堂」（社会福祉法人栗東市社会福祉協議会。現在は「はるにし子どもカレー食堂」（はるにし子どもカレー食堂運営委員会））、６「地域交流スペースかりん」（NPO法人スペースウィン）でした。これら６つの食堂を見るだけでも、老人ホームを運営している社会福祉法人、ひとり親家庭の支援を続けてきた当事者支援団体、NPO法人など、それぞれまったく異なる実施団体であること

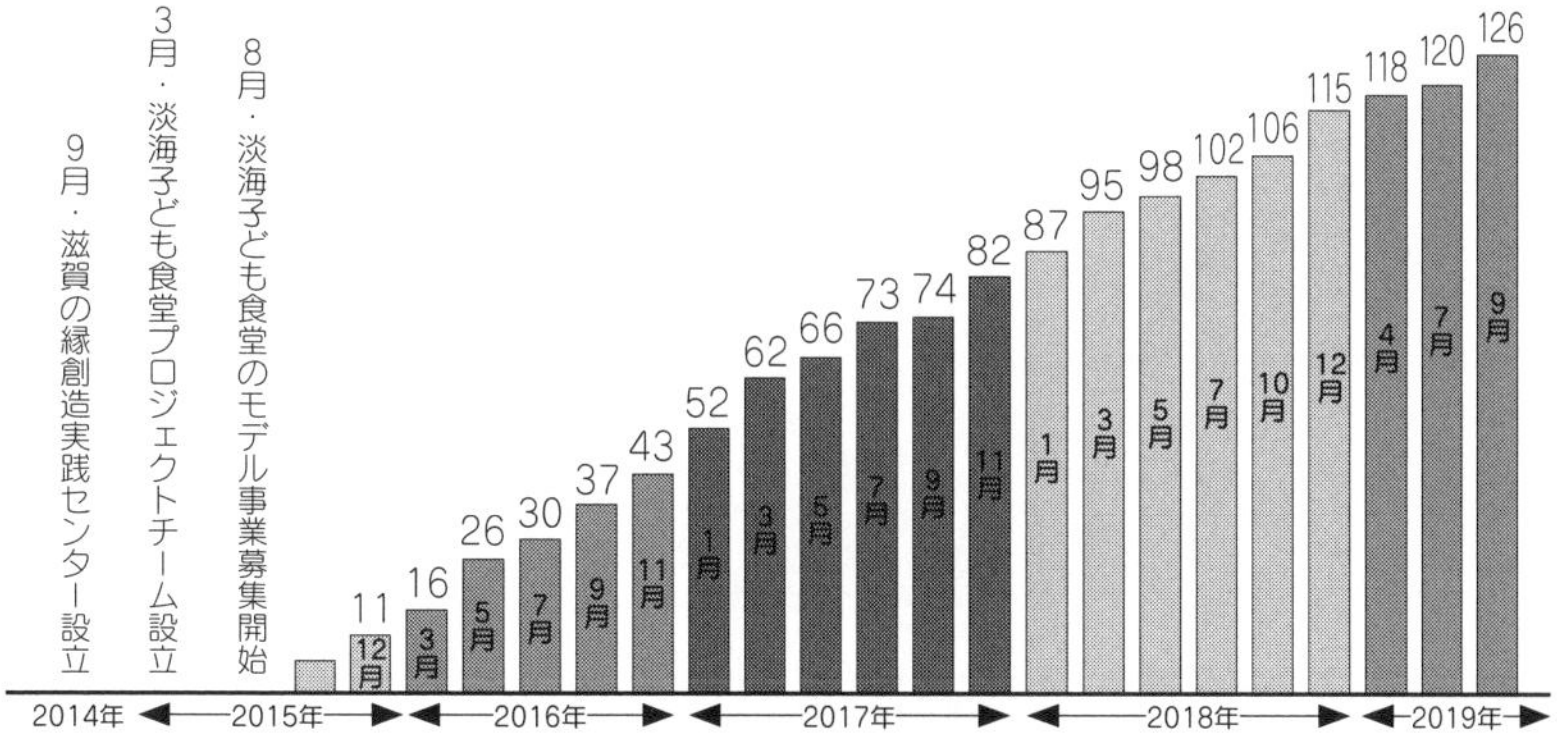

図1.　「遊べる・学べる淡海子ども食堂」のあゆみ

がわかります。

実施主体、場所、食堂の規模、対象は異なりますが、各団体が事業目標のなかに共通して掲げている言葉がありました。それが「居場所」です。「子どもが安心して過ごせる居場所」、「子どもにとっても大人にとっても居心地のよい居場所」、「晩ごはんをゆっくり食べられる居場所」というように、各団体の目標は地域のなかに居場所をつくることにおかれています。

図2は、滋賀県内の子ども食堂を担い手となる実施主体別に分類したものです。実施主体として、ボランティアグループなどの任意団体によるものが55食堂、学区（地区）社協やまちづくり協議会などの地域団体が28食堂、NPO法人などの非営利法人が23食堂、ひとり親家庭の当事者による支援組織、外国籍の方の支援団体など、対象限定型の組織が8食堂、社会福祉法人が9食堂、有限会社である会社組織が3食堂あります（2019年10月時点、総数126団体）。

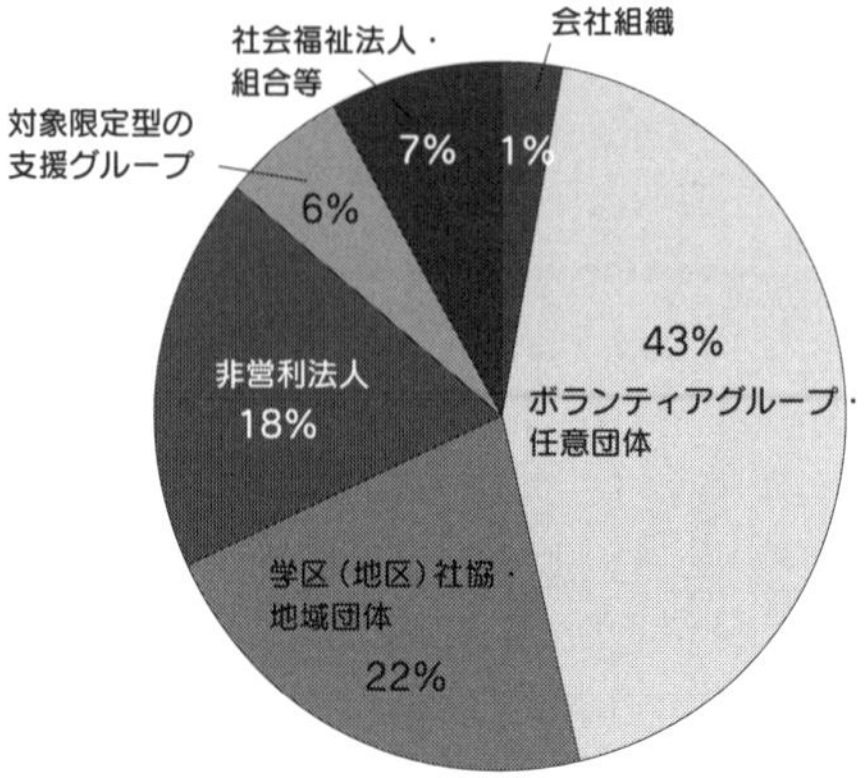

図2．子ども食堂の実施主体別割合

図のなかでもっとも多い「ボランティアグループ・任意団体」には、子ども食堂をつくるために立ち上げた委員会や協議会もあります。子ども食堂の実践はこのように、学区社協やボランティアグループなど、地域に根づいた団体が主催しているところが大きな特徴といえます。

3. 子ども食堂のケーススタディ

全国で子ども食堂が広がり、多くの人にいわゆる「子ども食堂」というイメージができてきました。社会活動家の湯浅誠氏は、いろいろな形の子ども食堂を理念型で分類し、子ども食堂のもつ役割を整理しました（図3参照）[xiv]。ここでは多くの子ども食堂は、対象を限定せずに誰でも来られるユニバーサル型の「共生食堂」、対象を限定して課題を発見し対応する、ケースワーク中心の「ケア付食堂」に分けられると仮定されています。遊べる・学べる淡海子ども食堂の拡がりについても、この図の理念型を参照したうえで、さらに食堂の主体が多様であることを考慮に入れることで、正しくその姿を理解することができるでしょう。

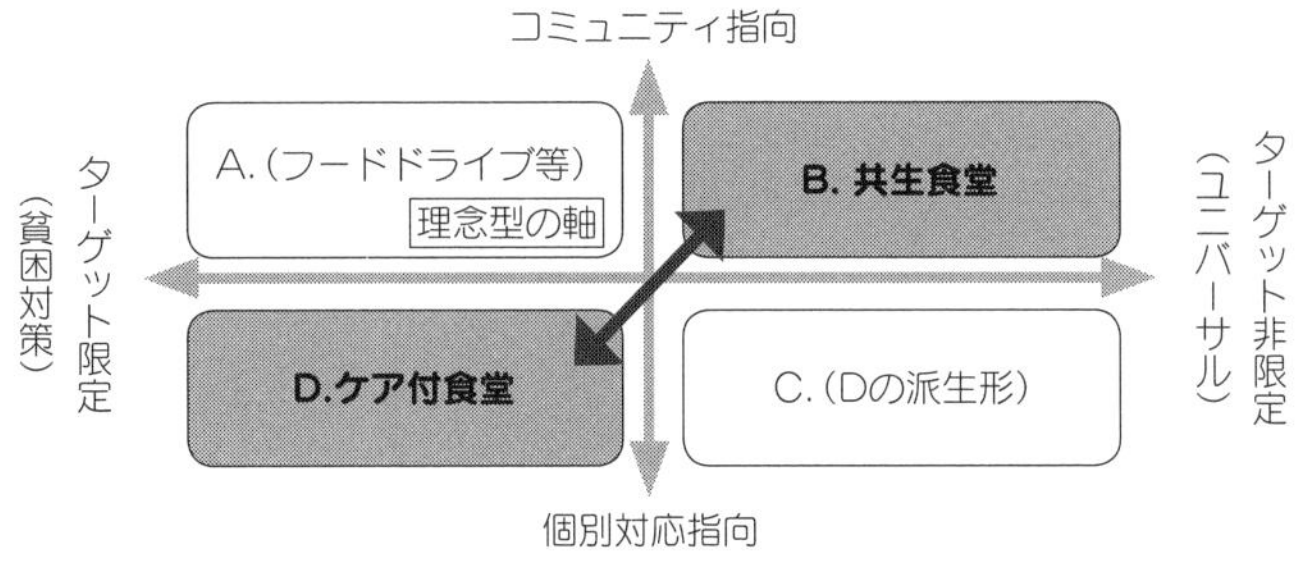

図3．子ども食堂の理念型
（湯浅誠『「なんとかする」子どもの貧困』より）

滋賀県の子ども食堂の実施主体は、地域のまちづくり協議会などのボランタリー団体から、社会福祉法人、有限会社までさまざまです。「共生食堂」と「ケア付食堂」という類型に合わせて、いくつかの食堂の特徴をまとめたものが次頁の表1です。

食堂の実施主体については、社会福祉法人が自法人の老人ホームで開催しているながはまこども食堂のようなタイプもあれば、まちづくり協議会の話し合いの結果として子ども食堂運営委員会がつくられ、地域の公民館やコミュニティセンターを毎月借りて実施する、にぎわい広場のようなところもあります。

たとえば、にぎわい広場は地域の大人も子どもも対象にした共生食堂で、毎回60人以上の人が訪れます。地域の大人も声をかけ合いここに昼食を食べに立ち寄っていて、ここでは毎回60人分以上の食事を準備するために助成金や寄付だけでは足りないと、自家製の梅干しなどを販売し、食堂の運営資金に回しています。

表1．それぞれの子ども食堂の特徴（インタビュー当時）

	ながはま こども食堂	にぎわい広場	湖北子ども食堂 リエゾン	膳所子ども カレー食堂
理念型	共生食堂 地域の小中学生が対象だが、だれでも来られる	共生食堂 地域に住むすべての人が対象	共生/ケア付食堂 月に1回ずつ、誰でも来られる食堂と対象限定の食堂を開催	共生/ケア付食堂 母子家庭対象、そろばん教室を同時に開催している
実施主体	社会福祉法人 会場は養護老人ホーム	地域団体 まちづくり協議会が母体	任意団体スクールソーシャルワーカーが発起人	対象限定の支援グループ 母子家庭支援団体
開催頻度	毎月第３水曜	毎月最終土曜	毎月第2・４水曜	毎週金曜日
特徴	会場である養護老人ホームの職員が中心になって食堂を運営している。地域のボランティアスタッフも集めており、子どもたちだけでなくボランティアにとっての居場所にもなっている。	学区のまちづくり協議会が母体、毎回60人以上の参加者がいる。まちづくりセンターを会場にしており、子どもだけではなく大人の参加も多い。野菜や米は寄付を受け、大人からの200円の食事代、また自家製の梅干しを販売するなど資金繰りを工夫。	誰でも来られる日・対象限定の日をそれぞれ設け、地域全体に開かれた食堂をつくると同時に気になる子どもへのケアができる仕組みである。実践者がスクールソーシャルワーカーとしての専門性を活かし、学校との連携も行っている。	基本的に対象者は一人親家庭の子どもたちだが、地域の子も親に会えれば参加可。夕方にそろばん教室を開き、夕飯を一緒に食べる活動を2014年から続けてきたが、認知度を上げるため遊べる学べる淡海子ども食堂に登録。子どもだけでなく親のコミュニケーションの場にも。保護者の顔を見ることも目的の一つなので、帰りは保護者にお迎えを頼んでいる。

ここでは例として４つの食堂を挙げていますが、各食堂の運営の仕方はそれぞれ多様なため、単純に類型化できるわけではありません。このなかには対象となる子どもを限定するケア付食堂（たとえば母子家庭に限定する、登録制にするなど）もありますが、地域全体に開放している共生食堂とケア付食堂を、曜日を分けて運営しているところもあります。

また、築２００年の古民家を改装して子どもの居場所づくりを行っている「ＮＰＯ法人わっか」など、その居場所づくりの一部として食堂を開催しているところもあります。わっかでは、毎週月曜に「月ようわっか」という食堂を開き、毎週30人前後の子どもたちがやってきます。一方で土日に子どもたちが参加するイベントをしたり、毎週水曜に静かに勉強できる「寺子屋わっか」を開き、地域の子どもたちが立ち寄れる場所を提供しています。わっかでは、「子どものしたいことを自由に」という理念で、食堂でも大人が主導権をもつのではなく子どもと一緒に料理をすることを大切にしています。「危ないとか、汚いとか、大人が先回りして叱ったり、守ったりしてしまっては子どもの興味を広げることができない」（わっかメンバー・柳生のびさん）という考え方です。

子ども食堂全体に共通して言えるのは、実践者が食堂のことを、ただ食事をする場所とは思っていないことでしょう。たとえば多くの食堂では、学習支援を同時に行う（または併設してある場所で行う）取り組みをしています。また、子どもからの要望でいろいろなイベントが増えているところもあります。食事をツールとしつつ、「子どもたちの居場所に」という理念は各食堂に共通しています。

4. それぞれの食堂実践

食堂を運営するなかで、大人が子どもたち本人のニーズに気づいたり、新たな発見をすることは少なくありません。「子どもは遊びに来るものだと思っていた」ら、夏休みの宿題をもってきて率先して勉強していたなど、大人が予想しているニーズと子ども自身のニーズが違う場合もあります。多くの食堂では子どもたちとの対話のなかで、子どもたちが来たい居場所を模索するのです。一方で、「地域の大人にもっとかかわってもらえれば」という悩みを抱えている食堂が多くあります。地域で食堂の知名度が上がれば、次第に支援者は増えてきます。各食堂は地道に活動を続けるなかで、確実に地域のなかに子どもの居場所を根づかせています。

ここでは、それぞれの食堂実践者がどんな思いで食堂の運営をしているのか、また、活動がどのような広がりを見せているのか、聞き取り調査の結果から見えてきた課題を含めて紹介します。

(1) だんだん地域に根づいていく過程

「八日市おかえり食堂」の菅谷寛子さんには、食堂を始めた2016年夏と2018年10月の2回、インタビューを行いました。食堂が立ち上がったばかりの頃、「どうやって子どもを集めたらいいのか、どうやったらしんどい子どもに届くのか」と頭を悩ませていた菅谷さん。課題がある家の子どもにも、何も気にせず来てもらえるように、「どなたでも」という看板を掲げました。

八日市おかえり食堂は、子育て世代の菅谷さんたちがボランティアグループとして立ち上げた食堂で、福祉の専門職がいるわけでも、ノウハウがあるわけでもありませんでした。子どもたちと相対するなかで、「叱っていいのか、受け入れていいのか」と悩んだ場面もあったといいますが、「専門家ではない」ことがウリだと、素直に正面から子どもたちと向き合っていきました。結果的に、月に1回の子ども食堂を毎月利用してくれる子どもたちが、回数を重ねるごとに少しずつ変化して、食堂がだんだん子どもの居場所になってきたと言います。

立ち上げ当時から必要だと思っていたのは「地域のいろんな大人がもっとかかわること」でした。学校での広報に力を入れるために、校長先生に直接会って、チラシを子どもたちの目にとまるところに貼ってもらうようにお願いすることを続けました。そうすると、チラシを貼る場所を増やしてくれて、「協力できることはやっていきますよ」と言ってもらえるようになりました。

食堂に来てもらう人の対象をどこまで広げるか、ということは、どこの食堂も直面する課題です。湯浅氏が指摘するように、多くの子ども食堂は「困っている子に来てほしいが対象化するわけにいかない」という理由で地域の子ども全員を対象にしています。

菅谷さんたちも最初は、「どなたも」来てください、というなかに「しんどい子どもたちが紛れて来られるように」というメッセージを含んでいました。しかし、菅谷さんたちが実践を続け

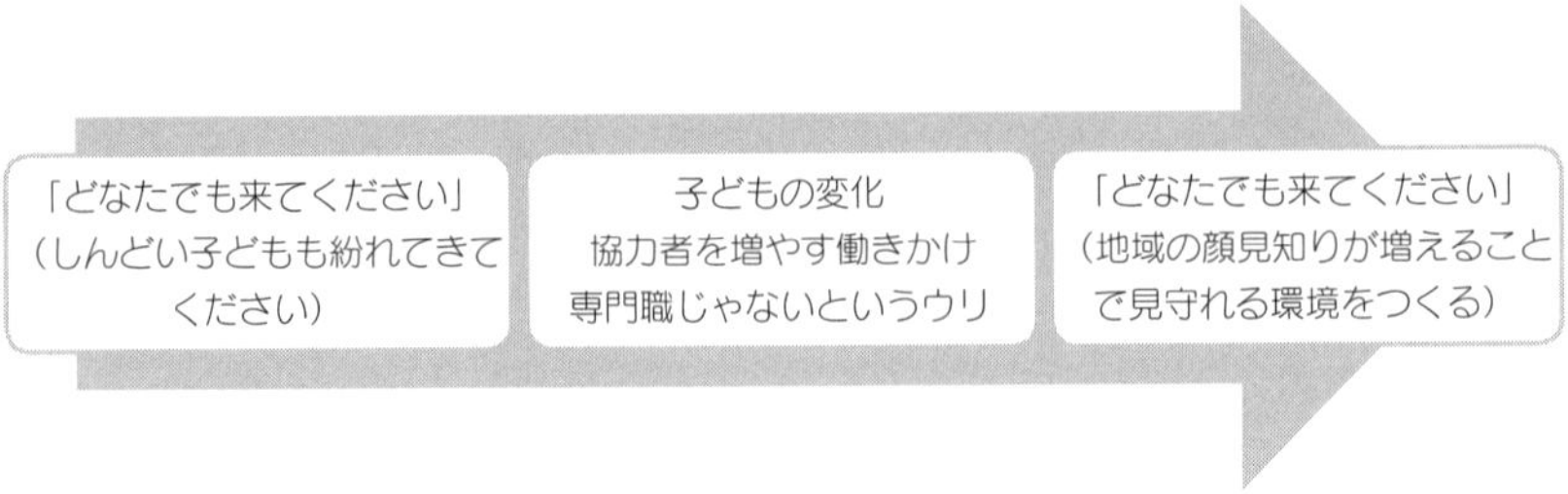
「どなたでも来てください」
（しんどい子どもも紛れてきてください）
子どもの変化
協力者を増やす働きかけ
専門職じゃないというウリ
「どなたでも来てください」
（地域の顔見知りが増えることで見守れる環境をつくる）

図４．食堂の発展プロセス（八日市おかえり食堂）

るなかで、「どなたも」の意味合いが変わってきたといいます（図４）。

「どなたもが来てくださることで、地域の方たちが大人であれ、子どもであれ、子どもは年配の方とか、大人の方とかはその子どもたちとこの場所で顔見知りになることで、地域の顔見知りが増えることで、お互いが見守れる環境に繋がるんじゃないかな」

つまり、当初は「しんどい子どもたち」をターゲットにしていた食堂に、いろいろな人、年配の人や地域の大人が「どなたでも」来ることで、最終的にはすべての子どもと大人がお互いを見守る地域にすることができるということなのです。

菅谷さんたちの「どなたでも」が、結果的に「お互いに見守ることができる地域」をつくっている。これは、子ども食堂が地域のなかに根づく居場所になっているという大きな成果です。また、最初は協力的ではなかった学校や地域住民が、続けるうちにだんだん変わっていったという事例も多くの食堂で聞かれました。それこそが、「お互いが見守れる環境」になっていくという地域の大きな変化だといえるでしょう。

(2) 食堂同士のネットワークの広がり

滋賀県甲賀市では、人口約9万人のまちのなかで、すでに17か所の子ども食堂が活動しています。たくさんの食堂が活動を展開するなかで、甲賀市の子ども食堂の代表者の皆さんは、3か月に一度集まって代表者会議を開くようになりました。2017年10月から始まった代表者会議（現在は「子ども食堂ネットワークこうか」）では、実践者同士がそれぞれの活動を知り、悩みや課題を分かち合うだけでなく、共通した課題を行政や議会に伝えていく活動を続けていています。

事務局を担っている甲賀市社会福祉協議会の植田裕一さんは、「『こういうことに困ってんのやけど』という声が出たら、『うち、それに対してはこうしているで』とその場ですぐ解決する」と言います。また、共通して課題になっている問題を取り上げて、その研修会を合同で開催する取り組みも始まりました。そして、行政に要望すべき課題については、代表者会議で意見集約をして要望としてまとめていきます。「かしわぎ☆わいわい食堂」の代表者である関純一郎さんは、「子ども食堂は子ども政策課、学習支援は教育委員会、貧困は福祉課」と行政が縦割りになっている現状に直面し、議員に働きかけて、議会でも子ども食堂の活動支援を取り上げてもらったといいます。植田さんは「1つの食堂の1人の代表が言うのと、市内全部の代表の方がそれぞれ課題を出し合って決めた要望書では効果が違う」と言います。

「たくさんの活動が生まれてきたら、それをつなぐ」というのは、実は地域福祉の支援では大切なプロセスです。それぞれがそれぞれの悩みを分かち合い、励まし合うことはもちろんですが、課題を共有することで、必要な解決の方策を提起していくこともできます。実際に子どもたちと活動しているからこそ、説得力が違います。縁創造実践センターの取り組みのなかで市内に生まれた子ども食堂が、それぞれ個性的な取り組みを尊重しながら横につながって、さらに活動を発展させていく動きをつくりだしているのです。

横につながることのメリットは、悩みを話し合ったり、課題提起をするだけではありません。ある子ども食堂に食材を寄付していた企業は、今は社会福祉協議会を通してすべての食堂に寄付をしているといいます。横につながることで、こうした情報や善意の共有もできるだけでなく、企業にとっては1か所だけでなく必要な食堂に公平に支援ができるというメリットがあるのです。代表者会議の開催も工夫しています。代表者会議の会場は、毎回各食堂で順番に開催されます（注：インタビュー当時から会議の持ち方等、各食堂で変化している部分があります）。それぞれの活動の様子を知り、いいところも学べるといいます。

もっとも、食堂はそれぞれの思いやこだわりが違うので、ネットワークづくりは難しいのではないかと思うかもしれません。甲賀市の代表者会議は、「いろいろな食堂、全部特色があるやんか。それはそれでええ思うんよ」（関さん）という考え方で、特に代表者も決めず、議題もない自由で緩やかな会だといいます。「地域と子どもたちのために」という共通項で緩やかにつながって、必要なことを協力して解決できるネットワークは、点としての子ども食堂の取り組みを面としての取り組みに発展させる一つのモデルになると思われます。

最近では、甲賀市内のある子ども食堂の運営者の提案で、17ある食堂が合同で子ども食堂のテーマソング「大好き♡子ども食堂」をつくったそうです。こうした取り組みも横につながることで、「こんなこともやってみよう、やりたい」というアイディアが生まれるからこそなのかもしれません。

5. 開かれたプラットフォームとしての子ども食堂

(1) 子どもを真ん中においた居場所で大人ができること

子ども食堂の実践者の言葉には、たくさんの「気づき」が散りばめられています。支援される側にいた人が子ども食堂のボランティアをするなかで自分の居場所を見つけていく、出席連絡があったのに来ない子どもがいたので電話をしてみたら保護者の様子がわかるようになった……こういった、食堂実践のなかで得られる発見や驚き、気づきによって、「子どもを真ん中においた」居場所の大切さがより広く理解されていくことになります。

子どもの貧困問題を契機に全国に拡がり始めた子ども食堂でしたが、決して貧困の子どもだけが対象でないこと、食事はツールであることに大人たちは気づいています。子ども食堂が子どものニーズや何らかのサインをキャッチして支援につなげることを、前述の湯浅氏は岩手県の子ども食堂実践者である山屋理恵氏の言葉を借りて「裏メニュー」と呼んでいます[xiv]。食堂は子どもたちが学校でも、家庭でも見せることのないふとしたサインに気づくことができる場所でもあります。それは、子どもを真ん中におくことで見えてくる地域の新たな視点です。

(2) 市民活動のプラットフォームとしての子ども食堂

２０１７年、滋賀県では新たに「子どもの笑顔はぐくみプロジェクト」が滋賀県社会福祉協議会により立ち上げられました。このプロジェクトは、子ども食堂の安定的・継続的な運営のサポートなどを目的としており、地元企業や社会福祉法人などを、子どもの居場所づくりの「応援団」と呼び、金銭面や場所の提供、食材の提供のサポートのアクターとして位置付けています[xvi]。これは、近江学園を設立した際に糸賀一雄が掲げていた、民間の社会事業がお布施に頼るのではなく生産性を確保しなければならない、という理念と共通するものです[xvii]。

子ども食堂というのは、潜在的には非常にたくさんの地域住民が、各々の専門性を生かしてこのムーブメントに関与することができる実践の形です。子ども食堂を運営する人たちにとっては、社会的なインパクトの必然性などは意識に上らないかもしれません。しかし、多様な人々を巻き込み対話をしていくことで、子ども食堂は社会に大きなインパクトを与えています。子ども食堂の実践は、「自覚者が責任者」という縁創造実践センターのスローガンとも重なって、市民一人ひとりが自分の内的動機と責任のもと関与することができる土壌をつくっているといえるのです。

(3) 子ども食堂を支えるネットワーク—縁創造実践センターの役割

実践を行う人に「仲間づくり」の場を提供することで、各子ども食堂間で情報交換や課題の共有を可能にすることが、縁創造実践センターの目指すネットワークです。決して子ども食堂づくりを地域に強制することではありません。

多くの実践者が悩みながら、手探りの状態で食堂を始め、手探りのまま進んでいます。そして、なかには地域の理解をなかなか得られなかったり、運営の方法や子どもとのかかわり方に悩んでいる人たちもいます。実践者にとって、同じ想いをもつ仲間が県内にたくさんいること、相談する場所があること、しんどさを共有してお互いサポートする体制が整っていることは心強い後ろ盾になります。縁創造実践センターによるサポートが食堂同士のネットワーキングを目指すのは、支援者支援の役割を担い、このネットワークを拡大していく必要があるためです。

縁創造実践センターでは、子ども食堂は子どもが歩いていける距離に1つは必要であるという目標を立て、市町村合併前の小学校区とほぼ同数の県内300か所開設を目指しています。これは、それぞれの子ども食堂が上手に運営できるようになることを目指すというより、子ども食堂がすべての地域に根づくことを目指しているのです。

近隣との対話や持続可能性の担保は、時間のかかる行程です。しかしある食堂で聞かれた、「もともと興味がなかった近所の人たちが子どもたちの行き帰りを心配し、街灯を設置してくれた」というエピソードからもわかるように、子どもをきっかけに、大人が地域社会の課題に気づき、対話を始めるかもしれません。「地域が運営する子ども食堂」が当たり前になれば、食堂に来る子どもが「貧困家庭の子ども」であるというスティグマ（烙印）もなくすことができるでしょう。食堂の未来を考えることが、地域社会と子どもたちの関係を考えることと同義になっているのです。

愛情たっぷりの手作りごはん
（西山子ども食堂あかね）

料理に挑戦！
（にじの家サロンこども食堂＆寺子屋）

ごはんのあとはみんなでゲーム（多文化子ども食堂）

みんなで書初め（おおのぎ子ども食堂）

ボランティアさんに教えてもらって
うどんづくり（あやの子ども食堂）

xi 毎日新聞で同様の記事検索を行ったところ、もっとも古い記事は２０１４年11月28日に大阪市西淀川区の市民団体「大阪子どもの貧困アクショングループ」（ＣＰＡＯ）を取り上げたものであった。読売新聞でもっとも古い記事は２０１４年10月16日（大阪版）、天王寺区の「桃谷こどもカレー食堂」の事例紹介であった。

xii 池袋子ども食堂の石平晃子さんは、「お金がなくて本当に大変な思いをしているという訴えを、月に2回開催の子ども食堂が根本的に解決できるわけではない。私たちが今できていると思うこと、それは温かいご飯の用意と、食事を介して〝人とのつながりの貧困〟をなくすお手伝いではないかと思う。」（ＮＰＯ法人豊島子どもＷＡＫＵＷＡＫＵネットワーク編 2016 p.91）と、食堂の機能を自ら分析している。

xiii これから子ども食堂を開設する団体のために縁創造実践センターが開催する「開設準備講座」の資料より

xiv 湯浅誠（２０１７）『「なんとかする」子どもの貧困』角川新書

xv 同上

xvi 子どもの笑顔はぐくみプロジェクトについては以下を参照。http://shiga-hug.jp

xvii 糸賀一雄（１９６５=２００３）『（復刊）この子らを世の光に―近江学園二十年の願い』ＮＨＫ出版

第3章

社会福祉施設等を活用した子どもの夜の居場所づくり

–フリースペース–

この章では、社会福祉施設等を活用した子どもの夜の居場所『フリースペース』を取り上げ、この夜の居場所ができた経緯、フリースペースで行われている支援などについて紹介します。いろいろな課題をもった子どもたちがやってくるフリースペースは、子どもたちにとって、家族にとって、実践者や地域の社会福祉施設にとってどのような場所かを考えます。

ジュンの物語

僕の家にはお父さんはいない
お母さんと妹2人の4人家族
お父さんとお母さんが〝リコン〟してから、
お母さんは僕たち3人のために
毎日遅くまでスーパーで働いている
帰ってきてご飯つくって、「宿題は⁉」
お母さんも疲れてイライラしてることが増えた
だから、僕がしっかりしなあかん
お母さんに迷惑かけへんように
家のことも妹のことも僕がしっかりしなあかん

でも、毎日家でごはんつくって妹のこと見てたら
学校の勉強なんてがんばれへん

勉強わからへんと教室にいても楽しくない
それに、僕は普通に話してるだけやのに
友達は「言葉が怖い」って離れていく
付き合い方がわからへん
担任も好きちゃうし、話せる人なんかいいひん
頭が痛くなって、学校に行けへん日も増えてきた

ある日、たまに学校で会う岡田さんが話しかけてきた
スクールソーシャルワーカーっていうらしい
「ジュンくん、毎日ごはんつくったり、大変ちゃう？
ご飯食べたり、お風呂入ったり、遊んだりできる場所あるんやけど
1回来てみいひん？」

岡田さんがお母さんにも話してくれて
妹たちと僕で行ってみることになった
そこは、おじいちゃんやおばあちゃんが過ごす近くの施設やった

僕も保育園のときに遊びに行ったことのある場所
知ってるところやからちょっと安心した

それから毎週、施設職員の平野さんが家に迎えに来てくれるようになった
車で施設に行って、お姉さんやおばちゃん、おっちゃんたちと過ごす
「フリースペース」っていう場所らしい
いろんな大人の人がいる
大学生のお姉さん、おばちゃん、おっちゃん……

家ではお母さんが忙しそうで話せてなかった学校のこと、友達のこと
何を話しても聞いてくれた
妹も、最初は迷惑かけへんかって心配もしてたけど
おばちゃんたちに遊んでもらって楽しそう
ここでは僕がずっと妹たちを見てなくても大丈夫や
わからんかった勉強もみんな一緒に考えてくれたけど
大人も学校で習ったことぜんぶ覚えてるわけちゃうんやなって笑った

やっぱりまだ、学校には行けない日もある
でも、なんでかフリースペースには行ける
迎えを楽しみに待っている自分がいる
ここでは、そんな気張らんでもいい
だって、いつもいるおっちゃんの木村さんは変なことばっかしてる

バレンタインデーは、もらったチョコレートの数勝負
僕の勝ち。おっちゃん、本気で悔しそうやった！
最近は卓球の真剣勝負。おっちゃんは強い！手加減なしや……
でも、「うまくなったなあ！」の一言で
もっとがんばるぞって思える
お姉さんは僕が勝ったら喜んでくれる
そんな様子をにこにこ見ててくれるおばちゃんもいる

3年が過ぎて小学校卒業の時、みんなに手紙をもらった

こんなことしてもらうのは初めてで、びっくりして、
「なんか一言しゃべってや」って言われたけど
何を話したらいいんかわからへん
ひとこと、「この場所に来るんが楽しかった」って言うたら
みんながめっちゃ嬉しそうで、恥ずかしいけど僕も嬉しくなった

フリースペースは週に1回やけど
ここに来たら平野さんも岡田さんも、お姉さんもおばちゃんもおっちゃんもいる
みんなが「待ってたで」って言ってくれる
中学生になったら忙しくなるみたいやけど
毎週この日だけはこっちに来たってもいいかな

1.「フリースペース」ってどんな場所

「地域の中には、様々な事情から学校に行きづらくなっていたり、家庭の中に安らぎがなかったり、子どもらしく大人に甘えることができずにいる子どもたちがいます。

こうした「さびしさ」や「しんどさ」を抱えている子どもたちを見守ってきた地域関係機関の方々から、地域で子どもを支える場がもっと必要である、という強い課題提起がありました。

そこで、特別養護老人ホームや小規模多機能型居宅介護事業所など、24時間人がいる地域の社会福祉施設を拠点とした子どもの夜の居場所「フリースペース」が始まりました。フリースペースに通う子どもは、週に1回、夕方から夜の時間を地域のボランティアなどの大人との関わりの中で過ごします。

子どもを〝孤立〟させないこと。〝ありのまま〟を受け入れる大人がそばで寄り添うこと。子どもと一緒に大人も悩んで、笑って、考えて、フリースペースはそうしてともにつくりあげる場所です。」

——滋賀の縁創造実践センター「フリースペースガイドブック」より

縁創造実践センターの事業の一つとして、「社会福祉施設等を活用した子どもの夜の居場所フ

表２．フリースペースの所在地と社会福祉施設の種類

フリースペース所在地（数）	社会福祉施設の種類（数）
大津市（４か所）	特別養護老人ホーム（３か所） 小規模多機能型居宅介護事業所（１か所）
高島市（４か所）	特別養護老人ホーム（２か所） 小規模多機能型居宅介護事業所（２か所）
彦根市（２か所）	特別養護老人ホーム（１か所） 障害者生活支援施設（１か所）
栗東市（１か所）	特別養護老人ホーム（１か所）
甲賀市（１か所）	特別養護老人ホーム（１か所）

リースペース」（以下「フリースペース」）の取り組みが２０１５年から始まりました。これは、子どもたちが夕方から夜にかけて安心して過ごせる居場所として、既存の特別養護老人ホームや障害者施設の場やサービス（お風呂や食事など）を活用する取り組みです。縁創造実践センターの居場所づくり小委員会リーダーの勤務する特別養護老人ホームでの実施を皮切りに、県内12か所（２０１９年４月１日現在）に広がり、子ども一人ひとりのニーズに応じた支援が展開されています（表2）。この取り組みが子どもだけでなくそこにかかわる人々や地域にとってどのような意味をもつのか、考えてみたいと思います。

2. 子どもの支援現場の現状と「フリースペース」

今なぜこのような夜の居場所が必要であるか、地域における子どもの支援現場の状況からふれておきたいと思います。なお、ここでいう「地域」とは、子どもが歩いて行け

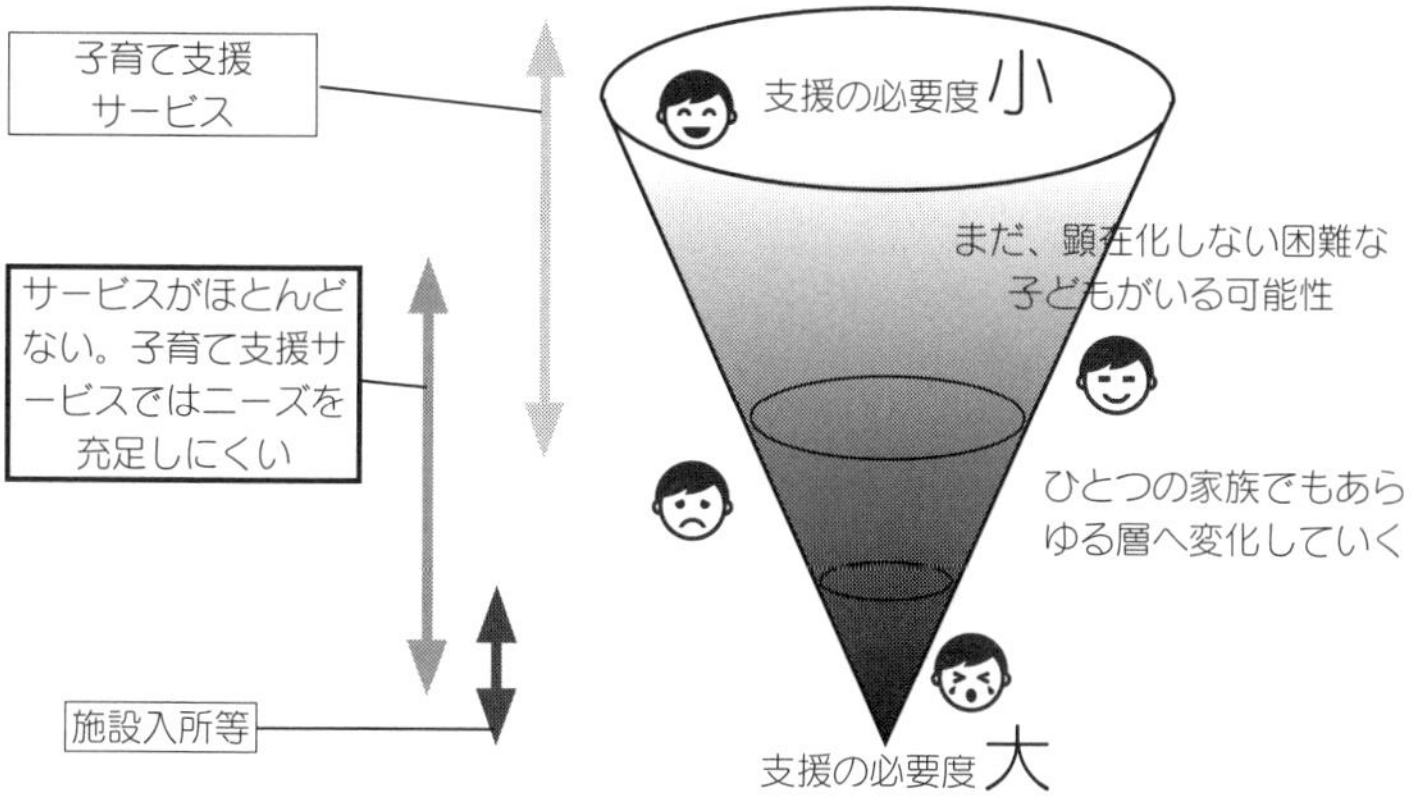

図5．支援の必要度とサービス・社会資源（筆者作成）

る範囲（小学校区程度）の場と人々、機関を想定しています。

１９９０年代以降、子育てするすべての家族に向けて、子育て支援施策が数多く整備されてきました。一方で、養育にしんどさを抱える家庭や子どもの貧困なども社会問題化し、特別なニーズをもつ子どもやその家庭に対して、その予防・早期発見も含め地域のなかで支援していくことも求められています。特に２００４年の児童福祉法改正で、身近な市町村が児童に関する一次的な相談支援機関と位置づけられてからは、子どもと家庭のニーズに応じた多種多様な支援をコーディネートし、継続的な支援を行うことが求められています。もちろん、児童福祉施設入所や里親委託などの社会的養護が必要と判断された子どもたちへは、適切な生活の場が用意されなければならないのは言うまでもありません。

このようななかで、施設入所などは必要ないけれども、一般の子育て支援では問題を解決しにくい家庭の場合、市町村の児童福祉の相談機関を中心として関係機関（学校や保育所・幼稚園・保健センター・医療機関など）が連携して支援にあたっています。しかし、日本では〝施設入所〟と〝一般的な子育て支援[xviii]〟にサービスが集中し（これらもそれぞれ決して十分とは言えません）、その間を埋める支援が非常に少ないのです[xix]（前頁図5参照）。たとえば、保護者の仕事などで夜間や休日に家で子どもだけになる場合の見守り、あるいは保護者が何らかの理由で子どもにしっかり向き合ってあげられない場合などの支援です。つまり、地域のなかで子どもが安心して過ごせる場所の提供、子どもに寄り添ってくれる保護者以外の多様な大人の見守りなど、昔、家族や親族または近隣の人たちが手伝ってきたような子育ち・子育て支援が自然にはないのが現状です。そのためこうした支援を意図的に地域のなかに創り出す必要に迫られています。

こうした状況のなかで日常生活の延長線上にありながらも個別性の高い支援を提供できる居場所として、このフリースペースが創出されました。通常、高齢・障害・児童という分野ごとに支援がつくられますが、ここで紹介するフリースペースは、「場」は高齢者施設や障害者施設、コーディネートは児童関係の支援者や社会福祉協議会、子どもと接するのは施設職員や地域の人などという多様な分野の協働によって実施されているのが特徴的です。このように別々の分野から「場」や「人」「技術」を「持ち寄る」という発想は、多様な社会福祉法人や機関が協働している縁創造実践センターならではだと言えます。全国的にもNPO法人や一部の自治体で同様の夜の居場所が展開されつつありますが、縁創造実践センターのフリースペースはその意味でも新しい形として注目されています。

3. 支援者にとっての「フリースペース」

社会福祉施設を拠点に取り組んでいるという共通点はあるものの、その実施主体[xx]も異なり、「支援者」として活動する人々は拠点施設の職員・ボランティア・子どもにかかわる連携機関など、その職種や年齢・経験など実に多様な形となっています（次頁図6）。利用している子どものニーズを基本に、その地域にある機能や人材を活用することから始まる支援ですから、当然と言えば当然です。けれども、そこにかかわる多様な人たちの思いや悩み・効果や周囲への影響などについては縁創造実践センターが主催した交流会で一定共有されてはいるものの、まとめたものはありませんでした。そこで、2018年、筆者は縁創造実践センターより依頼を受け、フリースペース担当者とともに、10か所のフリースペースの拠点施設の職員（図6の拠点施設の管理人）に聞き取り[xxi]を行い、その結果を整理・考察する作業を行いました。この章ではその聞き取り結果[xxii]から、支援者の意識の変化や協働のようすに焦点をあてて考えていきます。

(1) 日常生活の延長線上の継続的な出会い

利用している子どもは10施設で合計30人（男女各15人）、うち小学1～3年20%、小学4～6年40%、中学生27%、中学卒業以上13%で、小学生の利用が多くなっています。1施設当たり1～7人と多様ですが、きょうだい2人など単一世帯のみが6割です。なかには一人だけの受け入れもあり、いずれの場合も子どもとしっかりと向き合える環境を整えています。また、利用につながった経緯として、スクールソーシャルワーカー・家庭児童相談室・社会福祉課など福祉分野からの紹介が多く、利用に関しては必ず関係者で事前検討を行い保護者の同意を得たうえで、事前の見学・体験を経て利用が始まります。

図6．フリースペース実施体制と関わる人たち

週1回程度夕方からおおよそ3時間から3時間半程度の活動で、のびのび過ごせる空間を使用し、食事や宿題・入浴・自由遊びなど子どもの自主性を尊重し、経験や楽しみを少しずつ積み重ねていきます。以下の●は聞き取りで得た支援者の声です。

●「生活習慣を身につけられるように声がけをし、身につけてもらうようにしている」
●「食事の仕方・お風呂での体の洗い方などは支援者が気づき、支援をしている」
●「支援会議で得た家庭や学校での情報から、かかわり方を工夫している」

日常生活上のさりげない配慮が印象的です。多くのフリースペースでは、簡単な記録を作成し、支援者が共有できるようにされています。その日あったことや子どもの気になったことを書き留めておくなど〝負担にならない〟程度の記録や簡単な振り返りを行うところもありました。

さらに、すべてのフリースペースで、「笑顔が増えた」「自分のやりたいことが言えるようになった」など、子どもたちが支援者に信頼を寄せる姿がみられました。

●「どんどん子どもが変わっていく姿を見ると、はげみになる。高齢者支援とはまた少し違い新鮮」
●「前に来ていた子が、遊びに来てくれ、成長した姿を見るとやりがいを感じる。仕事の愚痴などを聞いてやるとまた頑張れるようで、ここが役に立っていると思うようになった」
●「まわりの方にこの取り組みを知ってもらうと、よい活動だと言ってもらえる。地域でこの活動を話すと、反響があり、同じように必要としている子どものために他の施設にも広められたらと思う」

子どもたちの変化や反応、地域の人たちのよい反応が支援者のやりがいとなっています。子どもたちや地域などからこうしたフィードバックがあることが、支援者のモチベーション維持に大きく貢献していることがわかります。

このように子どもも支援者も、ゆっくりと他者との関係を築くプロセスを経験します。駒澤大学の萩原建次郎は、居場所を子ども・若者の経験世界からその意味を探りさまざまな面から検討するなかで、「居場所は自己と他者とが互いの存在を認め合い、感じあう関係においてこそ生まれる」と述べています[xxiii]。まさにフリースペースにおいても継続的な出会いのなかで、子どもも支援者も「互いの存在を認め合い、感じあう関係」となっているのではないでしょうか。週1回で何ができるのかという声もありますが、週1回だからこそ、継続しやすく、ゆっくりと関係を深めることができるのだと思われます。それは子どもと支援者の関係だけでなく、支援者同士の関係も同じかもしれません。もちろん子どもや地域の状況によっては多様な形が生まれてくる可能性はあります。いずれにしても、「子どものニーズ」に沿っていることは言うまでもありませんが、子どもと支援者相互が認め合い、継続的な関係性をつくりやすい形が一番大切なのです。

⑵ 子どもを真ん中において悩む支援者たち

フリースペースの活動により子どもと支援者の双方によい変化が見えてきていることは先述したとおりですが、多くの支援者は子どもと真摯に向き合うがゆえに、悩みや課題にも向き合う姿がありました。

まず1点目は、子どもへの思いの共有に関することでした。

コラム

スクールソーシャルワーカー

近年の学校現場では、いじめ・不登校・児童虐待・貧困問題など様々な課題を抱える子ども達が増えています。その背景には複合的な要因があり、福祉的な視点からの解決が求められます。そこで、社会福祉の専門職としてスクールソーシャルワーカーが小中学校を中心に活躍しています。その役割を不登校の事例を挙げて説明してみましょう。児童が学校に行けないことの背景に、保護者が病気で十分養育ができず、朝送り出すことができない、経済的困難があり持ち物を揃えることができないなどにより本人が学校へ登校する意欲を失ってしまっているという事例があったとします。このような場合、本人への支援だけでは解決は困難です。スクールソーシャルワーカーは、保護者をサポートする人やサービスをつなげたり、利用できる手当や制度などの経済的支援も検討します。さらに複数の関係機関が協働できるための調整や、教員の相談にのったり学校内での支援体制の構築を行うなど、多方面に働きかけ支援を行っていきます。

現在、子どもの貧困対策としてもスクールソーシャルワーカーの配置が進められており、大きな期待が寄せられていますが、配置人数やその待遇は十分であるとはいえず、自治体によってもその活用の仕方に違いがあります。

●「さまざまな経験や資格をもった（またはもっていない）ワーカーやボランティアさんの思いがあるので、かかわり方に対しての意見が多様に出てくる。根本になるところが必ずしも共有できていない」

●「一部のボランティアの方が、自分には何もすることがない、この子どもたちに支援が必要か？などと思われ、フリースペースの意義が伝わってなかった」

●「施設内でも、理解がない職員もいる（人手のないなかなぜこの事業をするのかなど）」

2点目には、子どもへのかかわり方について、苦慮する様子がありました。

●「子どもを主体にしたいが、つい大人からの指示になってしまいがち」

●「子どもが暴れたりしたときの対応などどうしたらよいか悩んでしまう」

●「家庭の問題にどこまで踏み込むのか迷う」

3点目には、フリースペースの次のステップについても多くの悩みがありました。

●「フリースペースでできることは限界がある。子どもが成長していくなかで、次の局面が見えたときどこにつないでいけばよいか迷う。ここにずっと来てほしいが、本人にとっ

てどこがよいのかなど、協議していきたい」など

「フリースペース」は多様な人々による運営ですから、その役割や支援の方法は多様でそれが強みでもあります。柔軟な支援ができる反面、目的などがあいまいになりやすく、それぞれの支援者の価値観や専門性に左右されることもあります。無理のない支援とは言うものの、やはり真摯に子どもたちに向き合うなかで悩みは生じます。そんなとき、子どもの専門職との連携などを利用しながら進める姿もありました。

- **「初めはまったく情報がなかった。家庭状況もわからず、戸惑いもあった。フリースペースの存在が公的に認知されるようになり、応援会議（子どもと家庭の支援のためのケース会議）にも出席できるようになった。たとえば、家の事情等でできないことがわかれば、フリースペースでやってあげることもできる」**
- **「教育分野（小中学校の先生方）のこともできる限り理解してみようと思っている。学校での大変さや考え方の違いなどはあるので、できるだけ理解し合える機会をつくりたい」**

フリースペースの認知度とともに連携しやすくなったこと、またフリースペースから学校などへ歩み寄る姿も見られます。他分野・他職種との連携の苦労もありますが、逆に「違い」があるからこそ、わかり合おうとする動機にもなります。

また、子どもと向き合う場合は、かなりのエネルギーと自分への問いが生まれます。その対処も同時に考え、支援者の元気を継続できるような仕組みも考えておく必要があり、実際にそれへの対応をしているフリースペースもあります。

(3) 支援する意味や役割を再考する支援者たち

フリースペースの取り組みにより、悩みながらも支援の意味や役割を考える機会となっている様子が数多くみられました。まずは施設職員の方の発言から考察します。

● 「支援は共通する部分は多い。年齢に関係なくやりたいこと行きたいところがあり、それを伝えられない人のニーズをどう引き出すかなどのかかわりは基本は同じだと思う」

対象によらず支援の「共通」を見出す言葉は、長年、高齢者支援をされてきた方々の実感でした。

● 「ケアマネジャーの技術を生かして、連携している」
● 「高齢の分野の視点で見ることで違う支援の提案ができる」
● 「色々な事情の家庭があると知り、高齢施設でもできることがたくさんあるとわかった」

●「利用者にとってよい環境が子どもにとってもよい環境であると感じる」

本業で培った技術を生かして支援や連携を行い、その技術を「応用」している様子があります。

●「高齢分野の施設にいながら、児童の事を学べる。目の前に子どもがおり、支援を考えると自ずと勉強をしなければと思う」

積極的に学ぶ姿もあり、他分野を学ぶことで今の知識を「拡大」する機会ともなっているようです。

高齢者や障害者の支援に従事してきた専門職のなかには、「子どもの支援などできるだろうか」という不安をもった人も少なくありません。しかし、子どもとかかわるうちに、利用者理解などの基本は「共通」であることに気づき、今の技術を「応用」して支援に生かし、そして異質であるからこそ学んで知識を「拡大」する姿がありました（次頁図7左）。

さらに興味深いのは、ボランティアの支援に向き合う姿や振り返りにとても注目すべき点が多いということです。聞き取りと同時期、筆者はあるフリースペースの支援者たちの会議に参加しました。ボランティアのなかにはかつて保育士や教員などの子どもにかかわる専門職だった人、

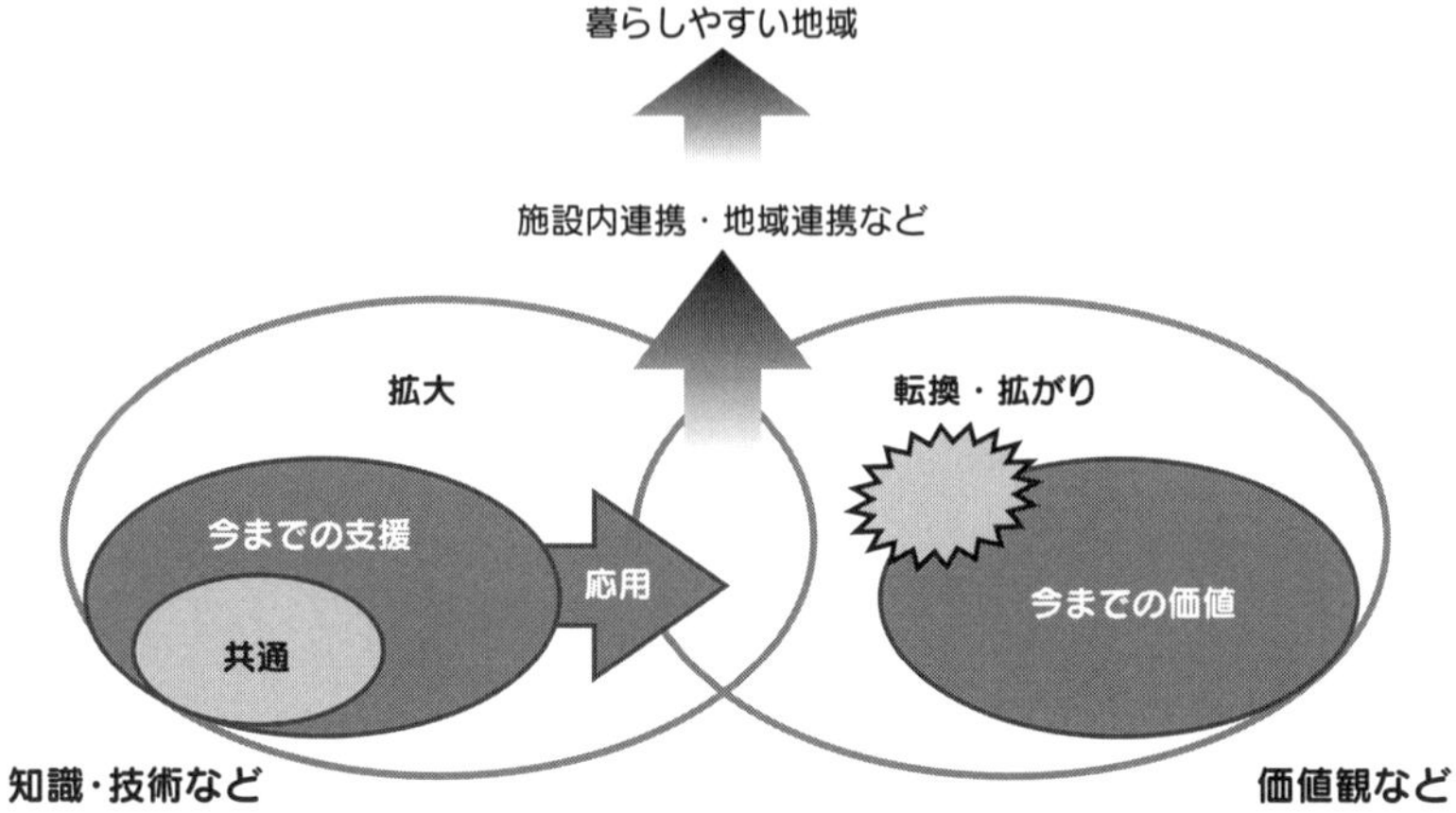

図7．フリースペース活用を通した支援者の支援の広がりや価値観の変容
（筆者作成）

民生委員・児童委員としてさまざまな活動をされている人、子育てに専念されてきた人など多様な方々がいます。そこでは支援者一人ひとりが子どもの行動などについての悩みを話すと同時に、次のような発言が多くみられました。

「私は子どもにとって○○な存在になっているのだとわかりました」「私はこの子のことをこんなふうにとらえていたけど、実は○○だったと気づきました」「今までの経験のなかで子育てについて○○なとらえ方をしていたけど、視野が狭かったと思います」など、その子どもへのかかわり方についての解決策を話し合うだけでなく、自分の子育て観や支援の視点や姿勢について振り返る内容が多く含まれていました。ここには施設職員やスクールソーシャルワーカーなども参加し、しんどさを吐露してもよい場として設定してあったこともありますが、単なる愚痴のレベルではない振り返りがなされていました。子どもの支援について悩むことで自己の価値観、子育て観などに揺さぶりをかけられることになっていたのです。仲間で語り合うことが支援者たちの成長の場となっていることは特筆すべき点です。すべての施設で行われているわけではありませんが、こうした意識変化は専門職・非専門職問わず少なからず起こっていると予想されます。このような思いを吐き出し、整理し、よい変化を促進する（ファシリテート）ことも専門職の役割であり、専門職自身にもまたこうした機会は必要です。（図7右）

このように先の施設職員とボランティアのどちらにとっても、成長の場になっていることが確認できます。こうして互いの知識や技術・価値観などの拡がりは、後述する施設内連携や地域連携へとつながり、暮らしやすい地域づくりへとつながる可能性を秘めています。（図7上）

(4) 施設全体や地域への波及

前項では支援者の内的変化を中心に考察しましたが、この項では施設全体や地域に対する影響についてみていきます。

- 「入所者との交流もある（あえてそういう時間を時々つくっている）。入所者も子どもとのかかわりを喜ばれる」
- 「単調になりがちな利用者の生活にも潤いができている」

●「当初利用者とのかかわりを心配していたが、まったく自然に同じ空間で過ごしている」(障害者入所施設)

高齢者が子どもとの交流で喜ばれる様子や子どものいる空間を「潤い」と感じていること、そして障害者の方とも自然に過ごせる様子を伺うと、共生社会を子どもたちから創っていける可能性が感じられます。

●「視野や関心が広がる。このような取り組み(社会貢献)をしている施設の職員として誇りになる」

●「直接かかわるのは一人だが、(夜の時間をフリースペースの活動時間に充てることができるよう)シフトを変えてもらったり、間接的に援助してくれている。上司の配慮があり、勤務時間のなかで活動できる」

●「特に女性職員は気にかけてくれる。反対意見などは特になく、子どもが来る風景は普通になっている。」

●「子どもを受け入れていることで、職員の子どもの話題が出しやすくなった、子どものこと(悩みなど)を理解できるようになった」

施設職員のモチベーションアップや直接支援者だけでない施設内連携にも一役買っている様子もありました。子どもの理解が進むことで職員が子どもの悩みを分かち合えるようになったのも思わぬ効果です。

- 「児童関係の支援者とつながることができた。高齢分野の考え方を児童分野にも伝えることができると思う」
- 「同じフリースペースをしている施設同士、本業でもつながりができた」
- 「地域の方も助けたいと思ってくださる方がおり、お米などを寄付してくださるようになった」
- 「地域での連携の様子を見える化できるといいと思う。誰と誰が支え合っているのか見えると心強いのではないか」

従来ならつながりにくい分野が「フリースペース」という共通の取り組みを通してつながり、互いの理解を深めたり、地域の方々の協力へとつながり始めています。連携が必要だと言ってもかけ声で終わってしまうことも多いものですが、こうした「場」の存在と顔の見える関係になることで、連携が具体化するのだということをあらためて感じられます。守秘義務は保ちつつも地域資源や機関のつながりを「見える化」しておくことで、支援者同士の支え合いも構築しやすくなります。

- **「歩いて行けるところにこうした場所が増えることを望んでいる。子どもが家や学校以外で、いつでも行ける場所があることは子どもにとっても親にとっても心強いのではないか」**
- **「（相談にのれる）専門職が常にいるとよいと思う。そうすれば、子どもの駆け込みの場にもなると思う」**
- **「地域に根差した複合施設として、足を運びやすい施設としていきたい」**

建設的な意見のなかには、社会福祉施設の地域拠点としての可能性が具体的に述べられています。今いる子どもだけでなく、地域の誰もが足を運びやすい拠点となることがその地域の住みやすさにつながることを実感していることがわかります。

また、先述したように実際に支援にかかわることで意識の変容がみられます。地域の住民や他機関を何らかの形で支援に巻き込んでいく工夫もフリースペースの理解を拡げる一つです。そのような取り組みは徐々に広がっており、たとえば、県単位では滋賀県社会福祉協議会の「子どもの笑顔はぐくみプロジェクト」（第1章2節参照）があります。地域の方や企業へ自分のできる形の支援を募りフリースペースや子ども食堂などへ還元していくものです。このような取り組みは物やお金の提供だけでなく、地域課題を知るための一つの手段としてとても有効です。

4. ともに成長し続ける地域を目指して

フリースペースでは試行錯誤を重ねながらも、子どもたちの「今」そして「未来」を見据え支援を展開しています。このような一人の子どもへ向ける多くの大人たちのまなざしは、子どもたちの生きる力を培うための基礎となるでしょう。すぐには「成果」が見えづらいものではありますが、だからこそ「深い」支援が行われていると考えられます。こうした深い支援の成果は、いつどのような形で現れるかはわかりません。フォローアップが必要なこともあります。成長してからでも子どもが気軽にフリースペースに立ち寄ったり、近所で支援者と出会えたり、「この地域には自分を支えてくれる人や場所がある」と実感できることは大きな意味があります。そのためには、子どもにとっても支援者にとってもフリースペースの継続がとても重要です。「地域の人々」の存在と社会福祉施設という「場」がそれを叶える強みです。

また、支援者の発言のなかには、分野を超えることで支援の「共通」点を見出し、支援技術を「応用」し、違いを知ることで知識や認識を「拡大」している様子が見られました。児童分野と高齢・障害分野の「越境」がフリースペースの活動により実践されていることがわかります。また、葛藤がありながらもそれを解決する過程のなかで価値観や子育て観などの変化が同時に起こっていることも確認できました。さらには、直接かかわる人たちだけでなく、施設内連携や職員の家族の理解にも一役買っている様子、施設間の連携、地域の住民の協力の具体化にも広がっているフリースペースも出てきています。フリースペースの活動年数を重ねている施設ほど、外へ向けて波及している様子がうかがわれました。こうした一連の成長と変化を実感することは、支援者のモチベーション維持につながり、フリースペースの継続を支えていくでしょう。

さらに、無理なく個々にできる方法で支援にかかわれる多様な機会（直接子どもとかかわる、間接的に施設内で応援する、お金や物資で支援するなど）があることが、思いを行動に移すことを可能にします。このような仕組みもまた、フリースペースの継続になくてはならないものです。

5. おわりに

今回の聞き取りなどから、異分野の人々の協働、専門職・非専門職との協働、大人と子どもの協働、場や機能・技術の持ち寄りの様子を具体的に伺うことができました。この「越境する実践」を可能にしたのは、縁創造実践センターというプラットホームの存在と地域の人々の気づきと情熱であることは言うまでもありません。今まで、何らかのしんどさや寂しさを抱える子どもを支援する場合、垣根で囲って一部の専門職だけで守っていたことも多かったと思います。けれども一人の子どものニーズを地域の課題として取り組むことで、垣根がなくても子どもが守られる地域をつくっていくことができるのだということをフリースペースの実践から学ぶことができます。今後もこのフリースペースの果てなき可能性に注目していきたいと思います。

フリースペースという居場所にこめた思い

居場所づくり小委員会 リーダー
特別養護老人ホームカーサ月の輪 施設長
日比 晴久

「学校に行きにくくなっている子どもやその親の居場所として施設を活用できないか」。当施設で定期的に開催している地域福祉フォーラムでのある住民の方の発言がきっかけとなり、社会福祉施設等を活用した子どもの夜の居場所『フリースペースカーサ』が2015年3月にスタートしました。子どもたちをデイサービスの送迎車両で迎えに行き、職員やボランティアの学生たちといっしょに施設の晩ごはんを食べたり、職員とデイサービスのお風呂に入ったり、フリスビーやトランプをして遊んだり、みんなで悩みながら学校の宿題をしたり。過去に例が無かったこの活動も、今では県内11か所まで広がりました。

「また来週ね！！」が言える安心感。毎週実施することで子どもや家庭の変化にいち早く気づくことができます。マンツーマン（子ども1人対大人1人）で大人を独占できる体制をつくり、ゆっくり時間をかけることで徐々に信頼関係も生まれます。「してほしくないこと」を伝えることはありますが、基本的に教える、指導するというかかわりは一切せず、子どもの「支援」というよりも、もっとゆるやかな人としてのつながりを大切にする。活動を続けていると、ほとんど学校に行けていなかった子どもがだんだん学級に入れるようになったり、感情を素直に出せるようになったり、子どもたちが自身の力で変わっていきます。しんどい思いをしてここに来た子どもがいつの間にか他の子どもの世話をしていたり、時には私たち大人の相談相手になっていたり。なんだか心が温かくなります。これまでに出会った子どもは4世帯11人、現在も3世帯4人の子どもたちとかかわっています。時には後戻りすることもありますが、それは誰だって同じです。

フリースペースには明確な卒業はなく、それこそ学校とは違って、子どもたちが望めばこの関係はずっと続いていくように思います。彼らが高校生や大学生、そして社会人になった時、もうこの場所が必要でなくなるかもしれませんが、いつでも帰ってくることができる場所として守っていきたいです。なんとなく思い描いている今後のフリースペースカーサは、いつでもOBやOGが立ち寄れ、誰が支援されているのかよく分からない、いろいろな世代がなんとなく過ごしている居場所。このフリースペースの取り組みが、施設（法人）の文化になるように、さらには滋賀の福祉文化になるように、今後もこの活動を続けていきます。

※滋賀の縁創造実践センター「フリースペースガイドブック」より

施設の利用者さんに見守られながら、ボランティアさんたちと一緒に運動会！

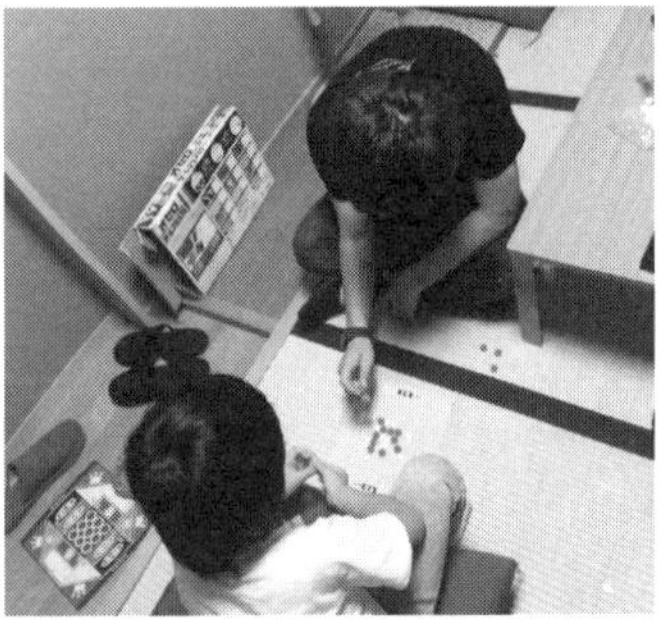

囲碁の真剣勝負！

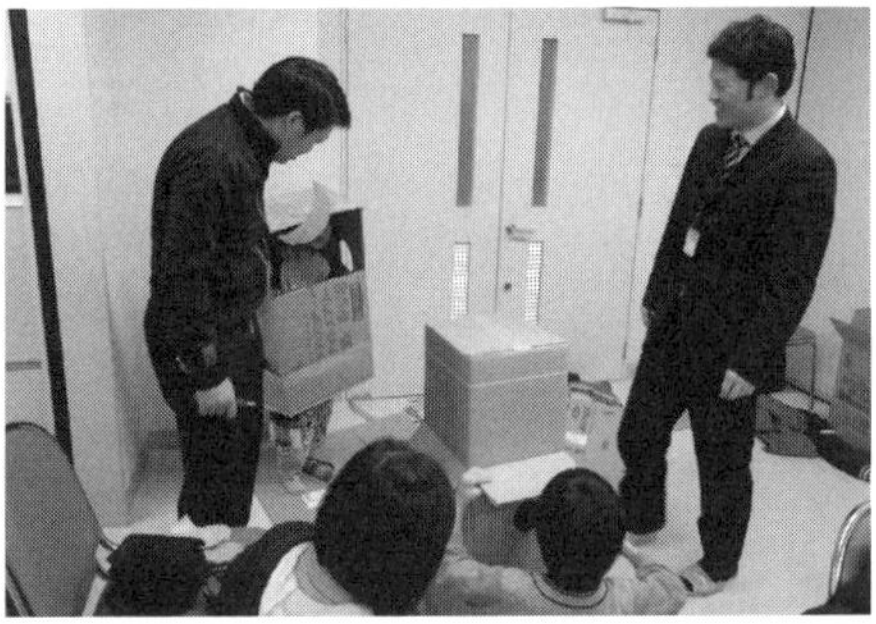

大人も本気。ダンボールでロボットづくり

栄養たっぷりのごはん。会話もはずみます

xviii 市町村は、子ども・子育て家庭等を対象とする事業として、市町村子ども・子育て支援事業計画に従って、以下の13の事業を実施することとなっている（子ども・子育て支援法第59条）。①利用者支援事業②延長保育事業③実費徴収に係る補足給付を行う事業④多様な主体の参入促進事業⑤放課後児童健全育成事業（放課後児童クラブ）⑥子育て短期支援事業⑦乳児家庭全戸訪問事業⑧養育支援訪問事業⑨子どもを守る地域ネットワーク機能強化事業⑩一時預かり事業⑪地域子育て支援拠点事業⑫病児保育事業⑬子育て援助活動支援事業（ファミリー・サポート・センター事業）内閣府「子ども・子育て支援新制度について」（平成30年5月）より

xix 西郷（2014）は、「「健全育成・子育て支援系」と「要保護・要支援系」の間のクレバス」と表現し、両者の支援者の積極的協働を提案している。また、滋賀県内の市部の家庭児童相談員への聞き取りの中でも、養育に困難を抱える家庭への支援のための地域資源の少なさが指摘されている（近藤（2015）p.56 表2）

xx 実施主体は市社協・県社協・施設など各フリースペースにより多様である。

xxi 調査期間：平成30年9月～11月、調査対象：滋賀県内10か所の社会福祉施設を利用したフリースペースの施設職員（残りの1か所はまだ開設準備段階であったため除外）、調査方法：拠点施設担当者（複数人の場合あり）に対して半構造化インタビューを行い要約を記録し、分類・整理を行った。調査にあたり、滋賀県社会福祉協議会フリースペース担当者を通じて各施設担当者へ、ヒアリングの依頼と研究発表等への活用についての文書を送付し了承を得たうえで、施設へのヒアリングを行った。また、個人や施設が特定されるような表現は内容を損なわない程度に加工・省略した。

xxii「社会福祉施設を利用した子どもの夜の居場所フリースペース・ヒアリング結果－活動の効果と課題─」平成30年12月、11か所のフリースペースへ配布し共有した。

xxiii 萩原建次郎（2018）『居場所、生の回復と充溢のトポス』春風社、p. 168

第4章

社会的養護の子どもたちの「自立の土台づくり」

–ハロ一わくわく仕事体験–

この章では、社会的養護の子どもたちの自立の土台をつくる事業としてスタートした「ハローわくわく仕事体験」を取り上げます。特に、社会的養護の関係者に加えて、企業や行政、そして縁創造実践センターが、相互にかかわり合うなかで分野を越えた協働をどのように進め、子どもたちの課題をどのように『地域のできごと』にしてきたのかを考えます。

レイの物語

「よく来たなー！」
目を細めて、両手をひろげて僕に笑いかけるジョウ
僕の児童養護施設での暮らしは、中2の冬のその一言から始まった

ジョウは僕が暮らす施設の職員
親と暮らせない子どもたちがみんなで暮らすこの場所が、僕にとっての家
でも、18歳になったら出て行かないといけない決まりがある
そこがみんなの家とは少し違う、らしい

僕はここに来るまで、知らないルールがたくさんあった
朝決まった時間に起きること、歯を磨くこと、学校に行くこと
「何でこんなこともしらないの？」「なんでできないの？」
そんな声に、視線に、僕の心にとげとげがたまっていく

別に迷惑かけてへん、後でするやん
だけど僕は、とげとげを言葉にできない
つい無視をしてしまったり、怒ったりしてしまう

「ほんまはこう思ってんのに、レイはうまくできひんだけやねんなー?」
ジョウだけは、わかってくれる
……ずっと、ジョウがいてくれたらええのに
でもジョウは本当の家族じゃないから、それは無理ってわかってる

そんなある日、大好きな中古車情報誌を見ていた僕にジョウが言う
「レイ、車好きなんやったら、俺の知り合いの車屋さんの仕事体験行ってみんか?」
……おもろそうやな
向かった先は、ヤマウチさんていうガタイのいい社長が経営するガソリンスタンド
社長って肩書に緊張したけど、気さくなそのおっちゃんはニコニコ僕に話しかけてくる
「車好きなんやって?どんな車好きなん?」
「……シルビアっていう、車……」

「めっちゃ古い車知ってるやん！あれはかっこええよなあ〜」
〝会社〟の〝社長〟が、僕の話を聞いてくれる
もぞもぞした気持ちになった
体験初日の朝、ヤマウチさんは
「失敗してもあたりまえ、全然ＯＫやからな」って言ってくれた
え、失敗してもええの？
僕は、人から「違う」って言われると、体と気持ちが固まってしまう
まして、これは仕事やから、絶対失敗したらあかん
そう思ってた僕にとってこの言葉は、安心して肩の力の抜ける魔法みたいやった

体験ではいらっしゃいませ！の声かけや窓ふき、いろいろな仕事があることを知った
ガソリンは、タンクローリーで運ばれてくる。僕はそのタンクの上に乗せてもらった
タンクはとても大きくて、なかに部屋があった
なんでか僕の付き添いのはずのジョウまで喜んでるし……
景色が見たことないものばかりで、キラキラしている
ヤマウチさんたちの、てきぱき楽しそうに仕事してはる顔がかっこよかった

そして、そんな人たちのなかで僕のしたことに、
「ありがとう」「助かったわ」って言葉がもらえる
僕がここにいることを、喜んでもらえる
あっという間の、今までで一番幸せな5日間やった
あかん、もっと行きたい！
そういうと、ジョウは「次の春休みまで待とう」って笑った

「じゃあ、それまで、施設や学校の生活もちゃんとせなあかんな……」
僕のその言葉に、ジョウは目を丸くしていた
でも、次会ったとき恥ずかしくない僕にならんとあかん、そんな気がした
そうすると不思議なことに、あんなにつらかった朝も自然と毎日起きれるようになった

学校や施設のみんなは僕の変化にびっくりしてるみたいで、
ときどき僕のやることや言うことに驚いた顔をする
でも、前より少しずつ、楽しい話もできるようになった
みんな一番聞いてくるのは、仕事体験の話

体験に行く子も増えてきた
「レイのおかげやな」ジョウの言葉がうれしかった

それからは、長期休みのたびにヤマウチさんの店に体験に行っている
店のロゴ入りの手袋は、僕の一番の宝物になった
仕事は疲れるけど、気持ちは最高や！

高校に入ってアルバイトも始めた
貯まったお金で買ったのは、ほしかった作業着
何回着てみても、鏡に映る自分は、我ながらなかなかかっこいい

こないだまで、不安しかなかった来年の退所
不安はまだゼロちゃうけど、やれるんちゃうかなって、ちょっと思えるようになった
僕はこの仕事をして、生きていく
この作業着を着て、あの場所で、あの人たちと

1.「ハローわくわく仕事体験」とは

縁創造実践センターの小委員会の一つ「要養護児童の自立支援小委員会」から始まったのが、現在は滋賀県の事業になっている「子どもたちと社会への架け橋づくり事業」です。これは、社会的養護のもとで育った子どもたちの自立を支援するもので、「ハローわくわく仕事体験」という子どもたちの就労体験事業を柱にしています。

滋賀県下では、現在約350人の子どもたちが里親や児童養護施設など、社会的養護のもとで育っています。以前から、滋賀県児童福祉入所施設協議会では、18歳で施設などを退所した子どもたちのために、滋賀県に対して自立支援の施策を強化してほしいという要望を出し続けてきました。そのようななかで、民間福祉関係者のプラットフォームである縁創造実践センターの設立がきっかけとなり、社会的養護の自立支援を児童福祉入所施設協議会という狭い関係者のなかだけで考えるのではなく、広く滋賀県全体で共有し、協働で解決する課題としてとらえていくことになったのです。

小委員会では、大きな目標を退所後のアフターケアにおきつつ、まずは子どものもっている力を引き出すことを目指すことにしました。そして施設や養育者ではない大人との出会いをつくることが自立の土台になるとして、「ハローわくわく仕事体験」が事業化されました。仕事体験で

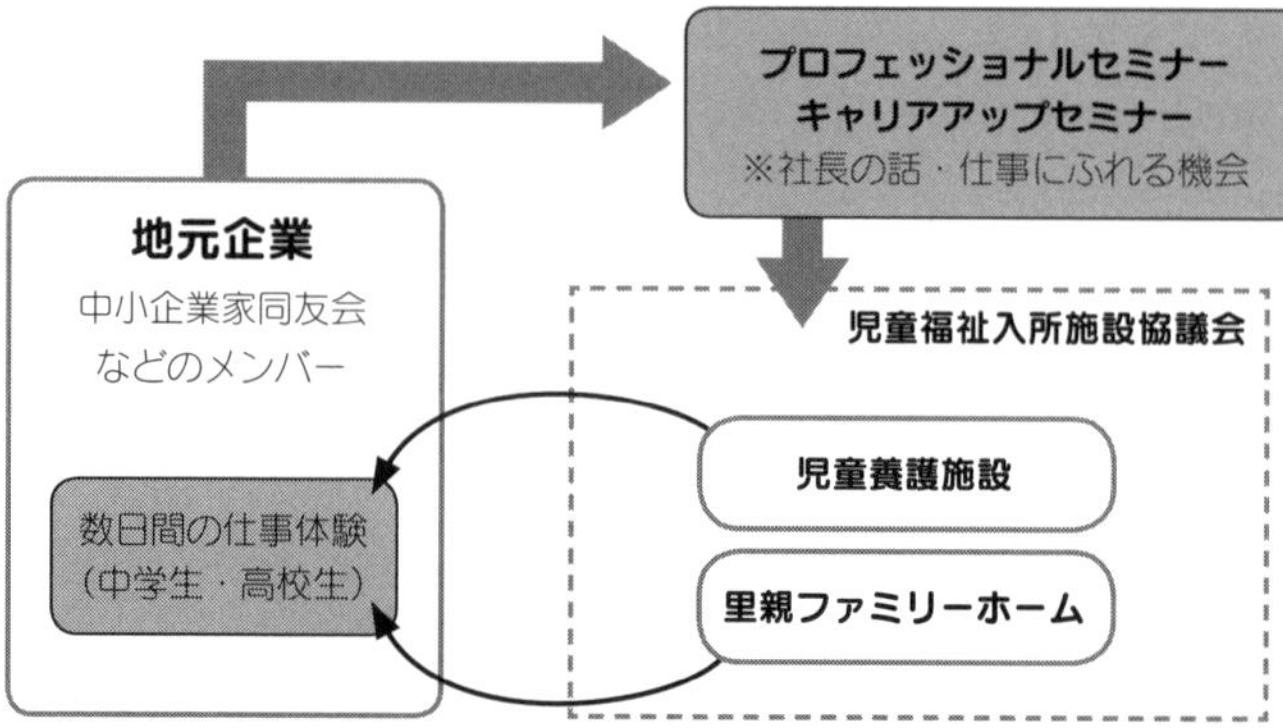

図8．ハローわくわく仕事体験の事業内容

は、児童養護施設と里親家庭、ファミリーホームで生活する中高生が、長期休暇を利用して、仕事内容に関心のある企業などで数日間の就労体験を行います。就労体験だけでなく、年に数回開催されるプロフェッショナルセミナーで企業の社長の話を聴くなど、施設の大人以外から見聞きをする「仕事」にふれ合う機会をもつことで、働くことに対するイメージを豊かにしていきます（図8参照）。

大切なのは、この事業に協力してくれる企業を集めることです。事業化にあたって小委員会では、中小企業家同友会の支部を回り、事業への協力を依頼していきました。その過程で出会った企業家たちは、要保護児童の課題を我が事とし、熱心に応援してくれるようになりました。滋賀県内の協力企業が、この事業の大きな推進力になっています。

アフターケアは児童福祉施設関係者の間では長年の課題でした。これが縁創造実践センターのモデル事業として一歩を踏み出したことをきっかけに、児童福祉関係者だけでなく多くの人と共有され、2016年度から「児童養護施設などで暮らす子どもたちの社会への架け橋づくり事業」として滋賀県の独自施策になりました。ここではこの「ハローわくわく仕事体験」を取り上げ、企業・施設関係者・県社協のそれぞれがどのような役割を果たし、分野を超えた協働をどのように進めてきたのか、インタビューをもとに考えます。

2. 協働のプロセス

(1) インタビューの概要

インタビュー相手は、村田健二さん（村田自動車工業・社長）、山本朝美さん（児童養護施設小鳩の家・施設長）、寺村重一さん（滋賀の縁創造実践センター・滋賀県社会福祉協議会）の3人です（インタビュー当時2018年5～6月）。山本さんは、「要養護児童の自立支援小委員会」の中心的なメンバーの1人としてこの事業の創設にかかわってきました。また、村田さんは、事業創設時から受け入れ企業としてこの事業にかかわってきました。そして、寺村さんは、「児童養護施設などで暮らす子どもたちの社会への架け橋づくり」事業のコーディネーターとして、児童養護施設と企業をつなぐ役割を果たしています。

(2) モデル事業のあゆみ

ハローわくわく仕事体験事業は2015年度に滋賀の縁創造実践センターのモデル事業として試行され、翌2016年度には滋賀県独自の施策となりました。協力企業・事業所は157か所(2019年10月1日現在)にまで拡大し、現在も増え続けています。この事業の企画から展開に前記の3人がそれぞれの立場でどのようにかかわってきたのか、整理したものが表3です。2014年度のモデル事業の企画立案から、仕事体験事業がどのような軌跡をたどったかを示しています。2014年度、児童養護施設小鳩の家の山本さんが縁創造実践センターと協働して社会的養護の子どもたちの自立支援を協議し始めた頃から、中小企業家同友会の村田さんは小鳩の家とつながりをもち始めました。この段階では、社会的養護の子どもの自立支援という課題はまだ地域では知られておらず、縁創造実践センターも手探りで企業とのつながりをつくり始めていました。その後、試行段階を経て2016年度には滋賀県が仕事体験事業を施策化し、事業には専任のコーディネーター(寺村さん)が配置されるようになります。そして、2017年には「ほっとスポット」(退所児童の居場所・相談窓口となるアフターケア事業)の開設に至ります。

表3を見ると、この事業が単なる仕事体験を目的としているのではなく企業に子どもたちの課題を知ってもらう場をつくっていること、プロフェッショナルセミナーやキャリアアップセミナーを通して子どもたちの「仕事」についての理解を深めようとしていること、そして退所後の子

表３．ハローわくわく仕事体験事業の経過とそれぞれの関係者の動き

	寺村さん 縁センター	山本さん 児童養護施設小鳩の家	村田さん （受け入れ企業）
モデル事業の 企画立案 （2014年度）	縁スタート時「子どもを真ん中においた」取り組みを目指して	協議会として県への要望、社会的養護の子どもたちの自立支援が課題であること	小鳩の家で開かれた、社協の勉強会にパネリストとして参加
	企業と児童福祉施設職員の懇談会をコーディネート	「でっかく言えば滋賀県に住んでる子どもたちの自立の支援につながる」	乳児院の話を聞いて「なんかできへんかな」と思った頃に社協から熱心な職員が来る
2015年度　ハローわくわく仕事体験の試行段階			
協力企業の呼びかけ	滋賀県中小企業家同友会への働きかけ	中小企業家同友会の各支部に出向いて協力を要請	同友会にもともとあったソーシャルインクルージョン委員会の取り組み、障害者雇用の促進
キャリアアップセミナー プロフェッショナルセミナー	社会のさまざまな仕事を知る、自分の得意を知るセミナーを開催	ハローわくわく仕事体験推進委員会（施設関係者）による協議	プロフェッショナルセミナーへの参加
2016年度　滋賀県が「架け橋づくり事業」として施策化 （2016年3月時点　協力企業73企業・事業所）			
県の施策として拡大	県の事業になったことに伴い専任コーディネーターを配置、啓発冊子の作成	居場所づくり事業についての協議も本格的にスタート	仕事体験に来なくなった子どもとの関係づくり（セミナーで話したり、動向を気にしている）
2017年2月　協力企業・事業所懇談会			
退所後支援の検討	アフターケアの居場所づくり、具体的な支援を検討	「施設に代わったチームを作って、その子を後方支援していきたいというのが目的」	「卒業した子を受け入れる取り組みをされてますけど、ああいうのに僕らも関わるような形になったらええな」
2017年度　9月、2か所でアフターケア事業「ほっとスポット」スタート			

どもの支援に事業の主眼がおかれていることがわかるでしょう。仕事に関するセミナーを続けることで、子どもたちの態度も変わってくるといいます。

「やっぱし話聞けないで、だらっと横向いたり、ぐでっとしてるのは、それはありましたよね。でも最近はその子どもたちが、話を聞くときにはしっかり前向いて、メモを取ることが多くなってきました」（寺村さん）

そして、事業を展開していくなかで、「社会的養護については県の責任である」という認識を行政側がもつようになっていったのも、大きな成果だといえます。この事業は、ただ仕事を体験する事業ではなく、社会的養護の子どもたちの自立を考えるための取り組みであるということ、そのために整えなければならない枠組みがあるということが、事業を拡大していくなかで行政や企業など地域社会に共有されていったのです。

(3) 働くことは、みんなを幸せにすること　仕事に対する考え方の転換

縁創造実践センターはさまざまな「仕かけ」として、外部講師を呼んだプロフェッショナルセミナーやキャリアアップセミナーを年に数回開きます。こうしたイベントが、子どもたちに働くことについて知ってもらうというねらい以外に、施設職員の考え方にも大きな影響を与えること

になりました。

「働くことはお金儲けることですよねえ。…自立して働けへんだら、たちまち食べるのも困るし、住むとこもないし、もうしっかり働ける子になりやとか、言うてないつもりでもじわじわ言ってますわねえ。でも、最初のプロフェッショナルセミナーの時に、働くということは世の中の人々を幸せにすることなんやと言われた」（山本さん）

プロフェッショナルセミナーでの企業の社長から、「仕事とは、働くとはどういうことか」という話があったときのことです。子どもたちの自立を第一に考える施設では、自分たちでお金を稼ぐことができるという経済的な自立が目標とされてきました。これは、退所後児童の生活困難という問題が社会的養護関係者には共通に認識されているためです。施設の子どもや職員にとって、働くということは、施設を退所した後に生活していく手段であり、最重要事項なのです。そのため施設職員も子どもたちも、「仕事とはお金を稼ぐことだ」と認識していました。ところが企業の社長は、「働くことは社会貢献だ、みんなを幸せにすることだ」と発信したのです。これが、子どもではなくむしろ施設職員の意識を変えていくようになりました。

実は、こうした「仕事」に対する視点の転換は、村田さんのインタビューからも読み取ることができます。

「数字上げなあかんとか、これ1時間であげなあかんとか、ガーッとやってる中小企業のなかでも温かい気持ちがはぐくまれると、それは結局ええ会社になって、ええ仕事ができる。…やっぱり一緒に働く社員の立場を見て、みんな同じじゃなくて弱いところ、できるところがあって、そういう弱者を助け合ってやると100のとこが120になるわけですから。不合理な、合理的じゃないようなこともあえてやったりすることで会社のなかの潤滑がよくなって」（村田さん）

効率を求める会社のなかであえて非効率なことをする、企業の仕事に対する姿勢の「転換」が語られています。施設側の山本さんのインタビューに見られた仕事意識の転換とはまったく別の「転換」であるように見えますが、実はともに「働くとはどういうことか」という問いに、「お金だけではない」という気づきを得ている点で共通しています。「仕事」や「働くこと」についての企業側と施設側双方の考え方の変化は、子どもたちにも伝わります。このように、子どもたちのために開催した「仕事を考える」プログラムは、大人がそれを感じることができる場として重要な役割を果たしていたといえます。

滋賀県中小企業家同友会には、村田さんが立ち上げた「ソーシャルインクルージョン委員会」があり、障害者雇用に取り組んできた経緯があります。企業側の意識のなかに、会社だけが儲けるのではなく社会全体がよくならなければならない「三方よし」の考え方が根づいていることもインタビューのなかでは語られていました。

「僕らがいる社会がよくなることも中小企業の経営者はしなあかん。それはお金にならなくてもしなあかん。それは中小企業の役割やというような考え方の組織なんです」（村田さん）

同友会の責任というだけでなく、「不合理なこともあえてやったり」することで会社と社員だけでなく、社会がよくなっていくのだということを、村田さんは「やった人しかわからないこと」と話しました。「三方よし」は近江商人の考え方として滋賀県ではしばしば紹介されますが、「社会をよくする」という地域社会に対する責任の枠内に、社会的養護の子どもの自立支援が含められるようになったのです。これは、仕事体験事業の大きな成果といえます。

(4) 扉を開くことで、地域に子どもの「応援団」をつくる

仕事体験に行く子どもたちは、里親家庭や児童養護施設など、社会的養護のもとで生活する子どもたちです。縁創造実践センターが掲げたのは「子どもを真ん中においた」取り組みでしたが、事業がスタートしたばかりの頃は社会的養護の子どもたちの課題は地域社会ではあまり認識されていませんでした。

県の施策になった2016年度に、社会への架け橋づくりのコーディネーターとして配属された寺村さん自身も、「社会的養護」という言葉をこの事業に携わるようになってはじめて知ったといいます。受け入れ先となる企業にとっても、社会的養護の子どもたちの問題は見えづらく、自立支援が課題であるということも知られてはいませんでした。寺村さんは、自分の経験も振り返ったうえでこのことを強く意識して、企業にまずは子どもたちの実態をわかってもらうことから始めたといいます。

「社会のなかで子どもたちの本当の実態、こういう社会的養護の子どもたちの実態というのは知られていない。だって、知っているのはタイガーマスクの漫画、僕らはあの漫画の世代ですからね、あの時の児童養護施設のイメージはあります。けど、そこまでですよ」（寺村さん）

このため、寺村さんのコーディネート業務は、企業で社会的養護の子どもたちについて説明するところから始まります。寺村さん自身も、子どもたちのことを知るために何度も施設に足を運んだといいます。

一方で、施設側は子どもに仕事体験をさせる、つまり、子どもを外に出していくことに対して葛藤を抱えていました。子どもたちを守る立場にある施設職員は、企業に子どもを「出す」ことで迷惑になるのではないか、そうすると最終的に傷つくのは子どもたちではないかと、子どもを

「働くこと」の意義を学ぶキャリアアップセミナー

いつもと違う子どもたちの一面に
大人たちもびっくり！

より深く話を聞くことができる
ブース交流

様々な企業の社長からその仕事の魅力と
「応援しているよ」という思いを直接届けてもらうプロフェッショナルセミナー

守ろうとしてしまうのです。そのような葛藤と、それを受け止める企業側の熱意とがぶつかり、お互いに理解しあって体制をつくるまでには大変な努力が必要でした。山本さんは、仕事体験の初期のことを思い出して、次のように話しています。

「出せない、出しなさい、出そうか、でもああだこうだっていう、ものすごいくちゃくちゃとこんがらがった意見と、養育者側の迷い」
「迷惑かけてはいけない。この子が企業で迷惑かけたら次の子が行けへんっていうのはもう親心になるので」（山本さん）

企業だけでなく、地域の多くの人にとって「社会的養護」という言葉は馴染みがありません。そのため、まず施設のことや施設の子どものことを理解してもらうところから始めなければなりません。そして、理解してもらうだけでなく、子どもたちのもつ困難な状況に寄り添ってもらわなければなりません。これが、「迷惑をかけるのではないか」という大きな心配事になって、「養育者側の迷い」「親心」になっていくのです。

図9では、施設側が「迷惑になる」という迷い・葛藤を超えて「扉を開く」ことで、子どものことをいろいろな大人が「理解する土台」になっていく流れをインタビュー内容から示しました。

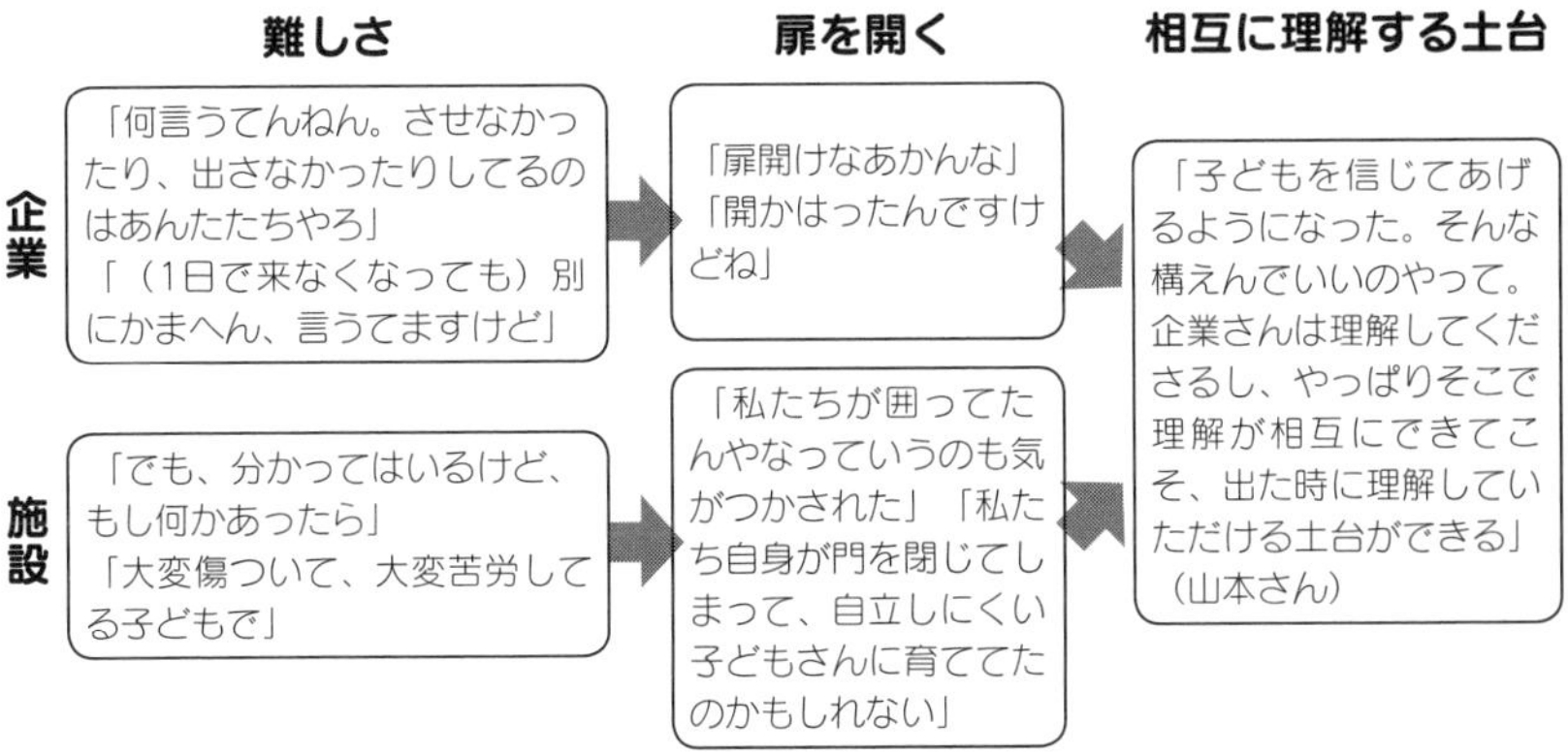
難しさ
扉を開く
相互に理解する土台
企業
施設
「何言うてんねん。させなかったり、出さなかったりしてるのはあんたたちやろ」
「（1日で来なくなっても）別にかまへん、言うてますけど」
「扉開けなあかんな」
「開かはったんですけどね」
「でも、分かってはいるけど、もし何かあったら」
「大変傷ついて、大変苦労してる子どもで」
「私たちが困ってたんやなっていうのも気がつかされた」「私たち自身が門を閉じてしまって、自立しにくい子どもさんに育ててたのかもしれない」
「子どもを信じてあげるようになった。そんな構えんでいいのやって。企業さんは理解してくださるし、やっぱりそこで理解が相互にできてこそ、出た時に理解していただける土台ができる」
（山本さん）

図９．「理解する土台」ができるまで

「よう怒られましたよ。『何言うてんねん。させなかったり、出さなかったりしてるのはあんたたちやろ』ってのも、はっきり言われる社長さんもいらっしゃいました。でも、わかってはいるけど、もし何かあったらっていう」（山本さん）

村田さんのインタビューのなかに、３日間の仕事体験のうち、１日目で来なくなってしまった子どもの事例がありました。楽しそうに仕事をしていたのに、なぜか２日目に来ないので施設まで迎えに行ってみると、「お弁当箱を出し忘れて叱られたから」という理由で出かけられなくなってしまったといいます。村田さんは「来えへんかったら、非常に申し訳ない、申し訳ないって（施設の人に言われるので）、別にかまへん言うてますけど」と言います。こういった難しさをもった子どもたちについて、職員は「申し訳ない」という思いと「大変傷ついて、大変苦労してる子ども」（山本さん）だからこそ、これ以上傷つけてはいけないという思いをもっています。これによって施設が「門を閉じて」しまっているということは、山本さんが「わかってはいるけど」と言うように、自覚していたとしても自ら変えていくことは困難なのです。そこで大きな役割を果したのが、外から「扉開けなあかん」と思った村田さんたちでした。

「僕も最初小鳩さん行って、小鳩さんの職員さんとかかわり出した時に、これ扉開けなあかんなと思ったことはあります。でも、簡単に開いたんですけどね。（中略）扉開かはった」

（村田さん）

村田さんは、「扉開けなあかん」と言いつつ、「（山本さんが）開かはった」と言っています。扉を開いたのはあくまで村田さんではなくて施設側だったという認識があるのです。そして、扉を開いた先にお互いを理解する土台がつくられていきます。しかし、そこまでたどり着くには大変な労力をかけねばなりませんでした。山本さんは何度も企業の人の話を聞いたといいます。しかしそこで、自分たちが子どもたちを守る気持ちを否定するのではなく、子どもたちを理解してくれる人をたくさん見つけていくのだ、と考えます。

「安全基地って簡単にできるわけじゃないので。そこにご理解をいただく。子ども自らも、こうやって自分は安心してかかわれる人たちとつながる、どうしたらつながっていけるんだろうっていう方法をきちんと子どもたちが自らの力で学ぶ」（山本さん）

これが、理解する土台をつくるということだと言えるでしょう。村田さんは、1日で来なくなってしまった子どもとも、会えば話す関係を続けているといいます。

「ちょっとうちの業界には向いてなくて、今（福祉関係の）施設へ、それはハローわくわくで行ったのがきっかけやったのかな。…彼はあそこへ行けると一番ええのになと思いますけどね」（村田さん）

たとえ自分の会社ではうまくいかなくても、「他で元気にやっているのか」「どういうことが将来向いているのか」、村田さんはその子どもを気にかけ続けています。3日間のインターンシップは、仕事体験そのものに意味があるのではなく、子どもを理解する土台をつくることに意味があるのです。そして、子どもを理解したうえで大人たちは子どもを取り巻く「応援団」の一員になっていきます。応援団となった大人たちは、「職業体験に来る子ども」というだけでなく、将来を見据えた支援をすることができるようになります。たとえばコーディネーターの寺村さんは、職業体験がうまくいかなかった場合を例に出して以下のように話してくれました。

「全部が予定どおり行けたわけじゃないんですよ。1日目は行けたけども、2日目から行けなかったわとかね、あるんですよね。…（中略）…来れない子は来れないんですよ。でも、それがその子がダメなんだとは（企業は）絶対言われないですね。「十分苦しんだよなと思う」っておっしゃいますし、それはそのときに行けなかったということは事実やけども、それはそれで絶対何かのときに役に立つでとおっしゃってくださいますよね。…（中略）…子どもがいろんな子がいて、そういうつまずきすることもあるんだということをよくわかっておられますしね」（寺村さん）

こうした経験があると、施設側に「企業さんは理解してくださる」（山本さん）という安心感ができていきます。村田さんが「地域で子どもを育てるような環境をつくるっていうのが、なんかちょっとできてるような感じ」（村田さん）と言うように、地域の企業が子どもを支え、施設を支える応援団になっているのです。子どもは成長するにつれ、施設のなかだけでなく「社会のなかで生きる」存在になっていきます。その子どもたちを支えるのが、安心できる場所をつくろうとする地域の大人の存在なのです。

「施設だけが支えたって、彼らは地域のなかで、社会のなかで生きてるので。うちは実家であっても、そばに寄り添う人はもっとたくさんの人がいなければ支えることはできない」（山本さん）

協力企業の多くは、ただ子どもたちの3日間のインターンシップを受け入れるだけではなく、子どもたちの退所後を見据えて「施設と一緒に何ができるか」を考えるようになっていきます。アフターケア事業の構想についても、村田さんは積極的にかかわろうとしています。その際にも前記の「扉を開ける」（企業）—「開かはる」（施設）の関係と同じで、それぞれがどのような役割を果たすのかは、協働のなかで分担されていくようです。

「それ（大工になりたい子どもに大工の仲間を紹介すること）はたぶん山本先生はできへんし、山本先生しかできへんこともあるけど、われわれは、『ちょっとそんなら行きますわ』とかできたらいいなと思うんです…同友会の経営者がそういうおっちゃんになったら。僕一人ではそれ全部面倒見れへんし」（村田さん）

「扉を開く」ために少し力を添えたように、協力企業の経営者たちが「ちょっとそんなら行きますわ」と力を添える「そういうおっちゃん」になればいいのではないか、と村田さんは提案しています。

「そういうおっちゃん」とは、山本さんのインタビューのなかでは「わかってくれる大人」や「あなたたちを支える大人」として言い換えられ、寺村さんの言葉では「施設外の大人」や「いろんな大人」「ちょっと後押ししてくださるような大人」に相当します。この大人たちは一人でその子どもの問題を背負い込むのではなく、地域や社会のなかで自分ができる役割を果たすことを求められているのです。

(5) 思いを集めるプラットフォームの必要性

ここまで、社会的養護について知らない施設の外の大人たちが、「扉を開く」ことによって子どもたちを理解する土台を獲得し、子どもたちの問題を共有し、子どもの応援団となるプロセスをみてきました。ここでは、子どもたちを理解する土台をつくるときにそれを可能にしたもの、つまりプラットフォームの役割を果たした縁創造実践センターの役割について考えてみます。

社会的養護の子どもたちを企業が支援する取り組みは、現在、日本中多くの地域で行われています。京都の中小企業家同友会の有志は、「京都社会的共同親プロジェクト」という就労準備支援を2012年ごろから全国に先駆けて始めました。NPO法人「ライツオン・チルドレン」は、児童養護施設や養育里親のもとで暮らす高校生を対象に、特定の業種を継続して体験し、自立に向けたトレーニングをするプログラムを提供しています。大人たちが、社会的養護の子どもの自立支援という課題を認識し、支援の輪が広がっているのです。
滋賀の「ハローわくわく仕事体験」は、就労体験という意味では同じ取り組みですが、縁創造実践センターがかかわることによって滋賀という地域の「プラットフォーム（器）」がつくられるという大きな特徴があります。滋賀県の子どもたち全体を対象にした実践が、県社協を中心とした縁創造実践センターという協働の仕組みに支えられています。この協働の仕組みを村田さんは「器」や「環境」と表現しています。協働のための器や環境がなければ、企業と児童養護施設は出会うことはありませんでした。器や環境、組織があることで、接点のなかった福祉関係者と、福祉に関係のない外部の人がつながることができるようになります。山本さんはこのことを次のように話しています。

「『縁』は、本当にこのセンター、形があって、こうしたいなと思う人たちをやらせてくれる。やりたい人はいっぱいあったけど、組織がないとできないんですよ」（山本さん）

子どもたちの自立支援に関しては「やりたい人はいっぱいあったけど、組織がないとできない」という切実な課題がありました。18歳で児童福祉法による措置から外れ「大人」にならざるをえない子どもたちに対して、アフターケアの素地をつくろうとしても、児童養護施設だけで退所していく子どもたちを受け止めるには限界があったのです。児童福祉入所施設協議会が長い間求め続けてきた子どもたちの自立支援は、関係者をつなぐ「器」がないという大きな問題も抱えていたのです。

ここで、滋賀の縁創造実践センターという「器」が用意され、要養護児童のための自立支援小委員会が立ち上がったことで、支援をしたい人が組織になり、ネットワークをつくって支援をすることができるようになりました。中小企業や事業所の経営者と社会的養護の子どもたちの支援者の間を取りもったのが、「器」である縁創造実践センターだったのです。その器がつくり出すネットワークやつながりの大切さは、インタビューのなかでもたびたび語られていました。

「やっぱりネットワークのなかにね、つかまれた子はすごく助かってるっていうのは実体験のなかであります。理想的には本当にいろんなネットワークのなかで、まあちょっと来たら困るなっていうような子がうまいことネットワークにつながればいいかな」(山本さん)

「居場所のほっとスポット(アフターケア事業)っていうのは究極で言えばチームをつくって、その施設に代わるチームをつくって、その子を後方支援してやろう、していきたいっていうのが本来の目的」(山本さん)

施設職員として子どもたちの自立の難しさを見てきた山本さんは、いかにネットワークにつながることが大事かを切実に感じていました。「ハローわくわく仕事体験」でつながった組織の体制は、子どもを支えるネットワークの出発点と言えるかもしれません。そして、ネットワークでつながることができている状態は、これまで社会的養護の支援者たちが感じていた「迷惑じゃないか」「傷つくのではないか」と、つながることを避けてきた状態とは対照的です。

つながりができている状態は、前項で指摘した「子どもたちを理解する土台」の構築と言いかえることができます。子どもたちを理解するためには、「扉を開かはる」ことが不可欠であり、その扉を開くために、縁創造実践センターのような「器」、つまりさまざまな関係者が子どもを真ん中において同じことを考える「プラットフォーム」が必要だったのです。

そして、このネットワークは、社会的養護の子どもへのアフターケアを念頭においたときにさらに大切なキーワードになります。「施設に代わるチームをつくって、その子を後方支援する」という山本さんの願いは、村田さんが子どもの退所後の支援として思い描いているものと重なっています。

「そういう場所があるようにしておいてあげないとあかんのかなと思うてる。来たらなんとでもなりますやん。……なんか悩んでんやとかね。大工さんしたいっていうんやったら、大工さんの同友会の仲間がいますから、頼めますやろ」（村田さん）

施設だけで支える、ある企業だけ、社長一人だけで支えることは難しくても、ネットワークでなら支えられる。アフターケアの構想においても、それぞれが自分にできる役割を分担していくことが必要になっていくのです。

3. 社会的養護の子どもの自立

社会的養護の子どもの措置解除後の自立支援は、全国的にも大きな課題とされています。施設を退所する子どもたちは、不安定就労や貧困など、構造的な社会的排除に巻き込まれてしまうことが多く、施設にとって、子どもたちの退所後のアフターケアは大きな課題です。進学率の低さ、不安定就労、貧困状態から脱出することは、構造的に課せられた「目標」になってきたといえます。ところが、企業が子どもたちに教える「仕事」や「働くこと」とは、貧困状態から脱出する手段ではなく「社会貢献」や「みんなを幸せにすること」という新たな価値観でした。この仕事意識の転換は、施設職員など児童福祉関係者が抱いていた「アフターケアの意味」を転換させたのではないでしょうか。つまり、不安定就労や排除の状態から脱することは一義的な目標ではなく、大切なのは、たくさんの大人たちに助けてもらいながら働くことができることなのです。地域で働く具体的な道が示されたことで、これまでの厳しい「仕事」イメージではない仕事観をもつことができるようになったのではないかと考えられます。

さらに、子どもたちを守りたくて「ガチガチになっている」施設の扉を「開けなあかん」と気

車の下に潜って社長からいろいろなことを教えてもらいました

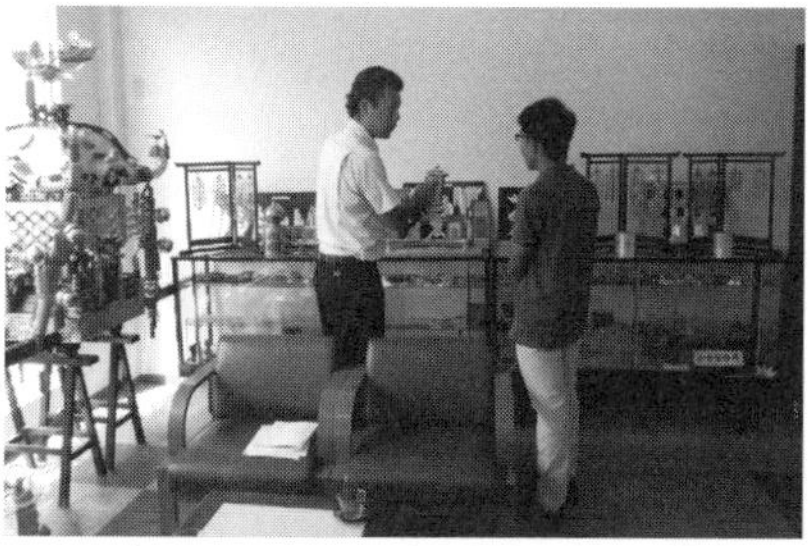

体験前の製品説明

バネの組立作業を体験

畑で収穫のお手伝い

づいた企業家たちと、「迷惑をかけたらあかん」と迷う施設との間には葛藤がありました。実はこの葛藤こそが、地域社会が社会的養護の子どもを理解するプロセスであったといえます。

この葛藤は、1日しか仕事体験に行けなかった子どもが村田さんにそのまま理解してもらい、その後の動向を気にしてもらっているという事例と重ねることができます。子どもが2日目からはどうしても行くことができなかった、それを「社会では通用しない」と怒る大人もいるでしょう。しかし、「十分苦しんだよなと思う」と受け止め、「うちの業界には向いてないけど」と、その子の可能性を次につなげようとする地域の大人がいる。施設側に根強くある不安、心配、わだかまりは、こうした地域の大人にふれることによって軽減されていき、最終的に「(施設が)扉開かはる」ところまで転換することができたのではないでしょうか。

この取り組みを通して、子どもたちが施設にいる生活から社会生活（働く生活と地域生活という二重の意味）へ変化を経験する時に、地域の企業をはじめとした大人たちが非常に重要な役割を担うことがわかります。子どもたちが、地域社会の支えてくれる大人との関係をつくることができれば、安心して頼る場所を地域のなかに複数もつことができるようになります。それは、地域の大人たちが、一人ではなく「ネットワーク」の一員として機能することではじめて可能になります。(企業をはじめとした地域のさまざまな大人たちがネットワークの担い手となっていくことが、社会的養護の子どもたちの自立には欠かせないのです。

終　章

子どもと地域の架け橋づくり

終章では、本書で取り上げた子どもと地域の架け橋をつくる取り組みに共通する実践スタイルをまとめます。キーワードは、『つくることと求めること』『福祉のできごとから地域のできごとへ』『境界に橋を架ける役割』そして、『ひたすらなるつながり』です。

滋賀の縁創造実践センターの5年間の取り組みは、地域のなかで子どもたちが安心して過ごせる場所や寄り添ってくれる保護者以外の多様な大人の見守りをつくりだしていく、「子どもと地域の架け橋」をつくる取り組みでした。だれもが来ることができる子ども食堂を県内に広げ、フリースペースのような個別性の高い支援が提供できる居場所をつくり、そして社会的養護の子どもたちの自立を支援するハローわくわく仕事体験やその延長線上にアフターケアのための居場所づくりを地域の人とともに目指してきました。このように活動の目的が異なる多種多様な取り組みが地域のなかにあることが、一人ひとりの子どもを「真ん中においた」支援を可能にするからです。本書の最後に、これらの実践に共通する実践のスタイルについて考え、滋賀の実践から私たちが学ぶことができる点を整理したいと思います。

◉「つくることと求めること」

子どもの貧困は、大人の貧困と比べると受け入れられやすいと思われるかもしれませんが、一方で、その見えにくさから「私たちの地域にはそのような問題はない」とか「子どもの問題は親の責任ではないか」、また「行政の責任ではないか」と思われがちなことも事実です。「子どもと地域の架け橋づくり」というタイトルは、生きづらさを抱えた子どもたちを含めたすべての子どもたちを応援するたくさんの「応援団」を地域のなかで生み出し、子どもたちが自分らしく、生き生きと過ごせる居場所を地域のなかに多様な形で生み出していきたいという思いからきています。

もちろん、私たちは、子どもたちのさまざまな問題が、社会的に解決される必要があると考えています。「子どもの将来がその生まれ育った環境によって左右されることがない社会を実現すること」。これは、2016年に成立した「子どもの貧困対策法」（子どもの貧困対策の推進に関する法律）で日本政府が公式に表明した基本理念です。社会的養護の子どもたちのおかれている環境を改善すること、地域のなかでの子育て支援を充実させること、生きづらさを抱えた子どもたちへの居場所や支援といったことは、社会の責任として国や地方自治体による施策が求められています。

しかし一方で、子どもたちへの支援を国や地方自治体、制度のみに押しつけてよいのでしょうか。

「つくる」と「求める」はセットだと思います。「つくる」ことに実際にかかわらないで「求める」だけでは、求める中身にも迫力が出ない。逆に、「つくる」ことだけをして社会に「求める」うごきにつなげていかなければ、どこまでつくればいいのか終わりが見えない。つくりながら求めていくことで、迫力のある動きにつながっていくのです。[xxiv]

滋賀では、このつくることと求めることをセットで進めてきました。滋賀の縁創造実践センターは、5年間という期限を定めたプロジェクト。その期間のなかで、実際につくって、「迫力ある動き」をつくり出すことで、必要な事業をその後も継続できるような仕かけを目指してきたのです。こうした「迫力」に押されて、行政も動き出しています。そして、「つくること」を進める民間の輪をもっと大きくしていくために、子どもの笑顔はぐくみプロジェクトという新たなチャレンジもスタートしました（第1章2節参照）。

滋賀の実践から私たちが学ぶのは、「つくること」と「求めること」を両輪にして、そのサイクルをぐるぐる回していくことが重要だということです。

◉「福祉のできごと」ではなく、「地域のできごと」にすること

実は、これまでも、社会的養護にかかわる専門職の皆さんは、子どもたちのアフターケアの必要性を痛感し、必要な施策を求め続けてきました。もちろん、それは大切なことですが、「地域のできごと」にする、子どもの問題をみんなの問題として考えていくためには、地域の多様な人を巻き込んで進めていく必要があります。「つくること」は、専門家と呼ばれる人だけでは「迫力ある動き」にはならないだけでなく、「福祉のできごと」として完結してしまいがちになります。滋賀の縁創造実践センターの取り組みは、子どもたちをめぐるさまざまな課題をみんなの課題として共有しようとしてきました。これが、「地域のできごと」にするということだと思います。

リーディング事業として子ども食堂に取り組んできたのも、世代を超えて、地域のさまざまな

人がかかわることができ、輪を広げることができるプログラムだからです。子ども食堂だけでなく、フリースペースもハローわくわく仕事体験も、課題を共有する範囲を広げることで、地域のできごとと考えてくれる仲間が広がっています。ハローわくわく仕事体験の協力企業は、157か所にもなりました。フリースペースには、地域の協力が次第に広がっています。福祉のできごととして完結させずに、地域づくりとして多様な人とともに実践をつくりだしていくこと、私たちが滋賀の実践から学ぶもう一つの大事な点ではないでしょうか。

◉境界に橋を架ける役割

多様な人を巻き込んでいくためには、人と人、機関と機関の間を橋渡しする役割が必要になります。「地域のできごと」にしていくためには、何らかの仕かけも必要です。こういう動き方をバウンダリー・スパニング（boundary spanning）ということがあります。バウンダリーは「境界」で、スパニングは橋など「架ける」という意味です。つまり、境界に橋を架ける行為のことをいいます。滋賀県では、滋賀の縁創造実践センターの事務局である滋賀県社会福祉協議会が、このバウンダリー・スパナー（境界に橋を架ける人 =boundary spanner）の役割を果たしてきたといえます。社会的養護の関係者や子どもたちと企業、高齢者福祉施設と生きづらさを抱えた子どもたち、そして地域のさまざまな人や企業、団体と地域で暮らす子どもたちやその親。こうした「越境する」実践をつくりだしていくためには、分野や立場の違う人たちとの間に橋を架ける器と役割が必要なのです。インタビューの中で私たちは何度も「縁の人がやってきて……」「縁の人がつないでくれて……」という言葉を聞きました。「縁の人」は文字どおり「縁」を紡ぐためにやってきて、橋を架ける役割をしてきたのです。こうした役割を「地域福祉の事務局」と表現しましたが[XXV]、人と人、志と志をつなぐ器と人材が必要だということを滋賀の実践からは教えられるのです。

◉ひたすらなるつながり

このように、滋賀の縁創造実践センターの実践スタイルの顕著な特徴は、「つくること」と「求めること」を両輪としながら、それを福祉のできごととして完結させずに、地域づくりとして多様な人とともに実践をつくりだしてきたこと、そして、こうした動きを境界を越えてつなぐ役割を事務局が果たしてきたことにあるのではないかと思います。

ハローわくわく仕事体験で中心的な役割を果たしている村田自動車工業の村田社長のインタビューのなかで特に印象に残ったのは、村田さんが、仕事体験にきた子どもたちのことをその後も気にしているということでした。気にしているだけでなくて、外で会ったら声をかけたり、あの業界に向いているんじゃないかと心配している。フリースペースを最初に始めた特別養護老人ホームカーサ月の輪の施設長である日比さんも、「いったん知り合えてかかわった以上はずっと続いていかなきゃいけない」と話しています（滋賀県社会福祉協議会「ひたすらなるつながり」創刊号）。施設入所などで関係が切れたとしても、いつでも戻ってこられる場所にしたいという思いで取り組みをされているのだと思います。八日市おかえり食堂の菅谷さんも、インタビューのなかで「地域の顔見知りが増えることで、お互いがお互いを見守れる環境につながるのではないか」と話しておられました。おそらく、こうしたことを積み上げていくことが、「ひたすらなるつながり」を追求していくことではないかと私は考えています。

民間の強みは、勝手につくられた境を越えて、つながることができること、決まった枠に縛られず、融通無碍にできることです。だから、まずは民間社会福祉関係者が「越境して」つながることができるプラットフォームをつくり、気づいた人たちの実践を促していく。そして、こうした実践は「福祉のできごと」としてだけ進めるのではなく、地域の皆さんとともに進めていくことで「地域のできごと」として広げていく。そのことによって、行政も動かしながら、多くの人の間に共感や連帯が浸透していく。

こうして言葉にしてみると、子どもを真ん中においた滋賀の取り組みに限らず、また、プロかプロでないかにかかわらず、多くの福祉の先駆者と呼ばれる人々がしようとしてきたのもこのようなことであり、私たちもまたその途上にいるのではないかと勇気づけられるのです。

xxiv 湯浅誠・阿部彩（２０１７）「子どもの貧困問題のゆくえ」『世界』第891巻、pp.66-75
xxv 谷口郁美・永田祐（２０１８）『越境する地域福祉実践―滋賀の縁創造実践センターの挑戦』全国社会福祉協議会

参考文献

・浅井春夫、松本伊智朗、湯澤直美編（２００８）『子どもの貧困』明石書店
・阿部彩（２００８）『子どもの貧困』岩波新書
・糸賀一雄（１９６５＝２００３）『（復刊）この子らを世の光に―近江学園二十年の願い』ＮＨＫ出版
・糸賀一雄（１９６８）『福祉の思想』日本放送出版協会
・ＮＰＯ法人豊島子どもWAKUWAKUネットワーク編（２０１６）『子ども食堂をつくろう！―人がつながる地域の居場所づくり』明石書店
・エレン・ケイ著、小野寺信・小野寺百合子訳（１９９０＝１９７９）『児童の世紀』冨山房百科文庫
・加藤彰彦（２０１６）『貧困児童』創英社
・近藤真由子（２０１５）「地域における子ども家庭相談の支援者側の課題分析―支援の連続性を担保」するために―」『子ども家庭福祉学』第15号、日本子ども家庭福祉学会、pp. 51–65
・京都社会的共同親プロジェクト・ＡＣＴＲ事務局（２０１４）『京都社会的共同親プロジェクト：みんなで拓こう子どもの未来報告書』（http://www.nanzan-net.com/file/ACTR_kyoto-shakaiteki-kyodo-oya2014.pdf）
・西郷泰之（２０１４）「子ども虐待の「防止」にむけて―「健全育成・子育て支援系」と「要保護・要支援系」の間のクレバスを埋める―」『世界の児童と母性』76巻、資生堂社会福祉事業財団、2014–4、pp. 66 – 69
・高橋亜美、早川悟司、大森信也（２０１５）『子どもの未来をあきらめない　施設で育った子どもの自立支援』明石書店
・谷口郁美・永田祐（２０１８）『越境する地域福祉実践―滋賀の縁創造実践センターの挑戦』全国社会福祉協議会
・永田祐・谷口郁美（２０１６）「分野を超えた協働実践のプロセスとその方法―滋賀の縁創造実践センターの

取り組みから」『滋賀社会福祉研究』第18号、pp.18–29
・永野咲・有村大士（２０１４）「社会的養護措置解除後の生活実態とデプリベーション」『社会福祉学』54（４）、pp.28–40
・萩原建次郎（２０１８）『居場所―生の回復と充溢のトポス―』春風社
・早瀬昇（２０１８）『「参加の力」が作る共生社会』ミネルヴァ書房
・松本伊知朗編（２０１６）『子どもの貧困ハンドブック』かもがわ出版
・「滋賀の福祉を考える」編集委員会編（２００７）『滋賀の福祉を考える―歴史と実践のなかから』糸賀一雄記念財団
・村上靖彦（２０１７）『母親の孤独から回復する』講談社メチエ
・山野良一（２００８）『子どもの最貧国・日本』光文社新書
・湯浅誠・阿部彩（２０１７）「子どもの貧困問題のゆくえ」『世界』第891巻、pp.66–75
・湯浅誠（２０１７）『「なんとかする」子どもの貧困』角川新書
・吉田祐一郎（２０１６）「子ども食堂活動の意味と構成要素の検討に向けた一考察―地域における子どもを主体とした居場所づくりに向けて」『四天王寺大学紀要』62, pp.355–368

参考サイトＵＲＬ

子どもの笑顔はぐくみプロジェクト　https://shiga-hug.jp/
滋賀の縁創造実践センター　http://www.shiga-enishi.jp/index.php

初出一覧

本文の各章は、以下の内容を大幅に加筆修正・変更したものです。

第2章　佐藤桃子、林実央、谷口郁美（2018）「子ども食堂の持つプラットフォームとしての可能性－滋賀県淡海子ども食堂の実践を手がかりに」『地域福祉研究』日本生命済生会、第46号、pp.98-106

第3章　近藤真由子（2018）「社会福祉施設を利用した子どもの夜の居場所　フリースペース・ヒアリング結果－活動の効果と課題―」（滋賀の縁創造実践センターを通じて各フリースペースに配布した報告書）

第4章　佐藤桃子、永田祐（2019）「地域社会とともに支える社会的養護の子どもの自立－滋賀県における協働のプロセスと企業の役割」『地域福祉研究』第47号、pp.38-48

謝辞

本書の作成にあたっては、たくさんの方々にご協力をいただきました。

特に、八日市おかえり食堂　菅谷寛子さん、新旭子ども食堂　桑原勲さん、新旭駅前ふれあい食堂　森田一男さん、安曇川ふれあい子ども食堂　梅村頼子さん、セカンドホーム未来　多胡重孝さん、かしわぎわいわい食堂　関純一郎さん、アモーレ子ども食堂　殿城弘子さん、緑のはらぺっこ食堂　今村崇志さん、小鳩の家　山本朝美さん、村田自動車工業　村田健二さん、滋賀の縁創造実践センター　寺村重一さんには、お忙しいなか、時間を割いてインタビューに応じていただきました。また、２０１６年からこれまでの間に、はちまん子ども食堂、膳所こどもカレー食堂、子ども食堂平野学区のぞみ、にぎわい広場、むさっこ食堂、ながはま子ども食堂、湖北子ども食堂リエゾン、わっか子ども食堂など、多くの子ども食堂に見学に行かせていただき、実践者の皆さんからお話を聞かせていただきました。特別養護老人ホームカーサ月の輪　日比晴久さんをはじめ、県内11カ所あるフリースペースの皆さんにも、聞き取り調査にご協力いただきました。ハローわくわく仕事体験の協力企業と、事業に関わる社会的養護の現場の皆さんにも、事業の実施から報告会、セミナーなど、大変お世話になりました。私たちは、皆さんの子どもたちや地域への熱い思いをお聞きする中で、多くの人の協働実践が横につながれば、孤立のない共生社会が実現できるかもしれないという希望を確かなものとし、その希望を多くの人に伝えたいと本書を編んできました。皆様の取り組みに敬意を表すとともに、ご協力に心より感謝申し上げます。

また、龍谷大学社会学部の山田容先生、同志社大学社会学部の上野谷加代子先生には、さまざまなご助言をいただきました。他にも滋賀の縁創造実践センターの取り組みにかかわる多くの方のご協力、そしてその取り組みから学ぶことが、本書の原動力になりました。

なお、本書は、三菱財団「困難を抱えた子どもに対する分野を越えた多様な主体の連携・協働による地域福祉実践プロセスの研究」の助成を受けて作成しました。財団からは、助成事業のみならず、折に触れて様々な助言や励ましをいただきました。記して感謝申しあげます。

編者

◉執筆分担

監 修 者：永田　祐（同志社大学社会学部　教授）▶はじめに、第４章、終章
谷口郁美（滋賀県社会福祉協議会　事務局長）▶第１章２節

編　　者：佐藤桃子（島根大学人間科学部　講師）▶第１章１節、第２章、第４章

執 筆 者：近藤真由子（滋賀文教短期大学子ども学科　講師）▶第３章
黄瀬絢加（滋賀県社会福祉協議会地域福祉課　主事）▶第２章
林　実央（滋賀県社会福祉協議会地域共働課　主任主事）▶第３章
文野真理子（滋賀県社会福祉協議会総務課　主事）▶第４章

子どもと地域の架け橋づくり

滋賀発 子どもの笑顔はぐくみプロジェクトがつなぐ地域のえにし

発行日　2020年３月26日　初版第１刷
監修者　永田　祐　谷口郁美
編　者　佐藤桃子
発　行　全国コミュニティライフサポートセンター（CLC）
〒981-0932 宮城県仙台市青葉区木町16-30　シンエイ木町ビル１F
TEL 022-727-8730　FAX 022-727-8737
http://www.clc-japan.com/

編集協力・制作　有限会社 七七舎
イラスト　こうのみほこ
装　幀　Malpu Design（宮崎萌美）
印　刷　シナノ印刷株式会社
ISBN978-4-904874-66-0